Exercez-vous
aux tests psychotechniques

Dans la même série

Exercez-vous aux tests d'entreprises

Évaluez votre Q.I.

Chantal de Séréville, Bernard Myers

Exercez-vous aux tests psychotechniques

Passeport pour le succès

Le Livre de Poche

Sommaire

Introduction

Pour réussir les tests d'entreprise, il faut tout d'abord bien comprendre les questions posées. Cette lapalissade devient douloureusement évidente pour le candidat novice qui se trouve devant une série de petits dessins avec des instructions sibyllines du style « complétez ». Cette première étape de la compréhension franchie, se pose alors une seconde difficulté, celle de répondre aux questions dans le temps imparti.

L'entraînement

Les tests posent donc deux problèmes majeurs : Que faut-il faire ? Et comment le faire en si peu de temps ?

Que faut-il faire ?

Les instructions des tests sont généralement parfaitement claires, mais cela n'aide pas pour autant le candidat inexpérimenté. Celui-ci comprend qu'il faut, par exemple, trouver la suite à une série, mais il ne saura pas pour autant que, pour la trouver, il faut faire des superpositions, des rotations, etc. Les exercices qui suivent se présentent sous la forme de mini-tests. Il faut bien observer les instructions données au début de chaque chapitre. L'entraînement est la meilleure façon de se familiariser avec les divers mécanismes utilisés par les testeurs professionnels.

Comment le faire ?

La grande majorité des tests sont très sévèrement limités dans le temps. Le candidat dispose souvent de moins d'une minute par question, ce qui est court, même pour un candidat averti. Il faut donc développer une tactique.

La familiarité avec les différentes sortes de questions permet généralement de faire un tri extrêmement rapide pour trouver le type de raisonnement utilisé. Telle figure signifie neuf fois sur dix telle sorte de raisonnement (une rotation, une superposition, etc.).

La pratique répétée de nombreux exemples permet souvent au candidat, une fois la catégorie déterminée, de trouver la bonne solution, presque d'instinct. Ensuite il doit, bien entendu, appliquer son raisonnement pour vérifier son intuition.

Si aucune solution ne semble s'imposer, deux possibilités s'offrent : chercher ; passer à la question suivante.

CHERCHER

Imaginez. Les exercices proposés par ces tests exigent souvent une certaine flexibilité dans le raisonnement. Il faut savoir chercher dans de nombreuses directions, et ne pas suivre uniquement les sentiers battus. Les solutions qui se trouvent regroupées à la fin de ce volume essaient de démonter les mécanismes d'approche des tests.

Triez l'information à votre disposition. Si le test est bien fait (c'est généralement le cas), vous avez pour chaque exercice, non seulement les données suffisantes pour trouver la solution, mais souvent des données supplémentaires ou une présentation particulière qui cachent un raisonnement relativement simple. Quand cela est possible, il faut essayer d'écarter les données gênantes. Par exemple, dans les tests de dominos, la disposition des pièces n'a aucune signification en soi (en colimaçon ou en ligne droite, la solution est la même) ; il faut donc essayer de redresser la ligne ou tout du moins ignorer son mouvement en spirale. Avec les cartes à jouer, il faut trouver la couleur et la valeur, mais il vaut mieux considérer d'abord séparément l'une puis l'autre.

Utilisez toute l'information. Quand un exercice présente un choix de solutions, utilisez ce choix pour accélérer votre réflexion. Les instructions peuvent également contenir des informations (« Trouvez les deux... » signifie qu'il y en a deux, pas plus, pas moins).

Éliminez. En procédant par élimination, on peut arriver à la bonne solution ou, au moins, à déblayer le champ de réflexion. Dans les séries visuelles ou le test des matrices, on peut généralement éliminer un bon nombre de solutions en appliquant un seul critère : par exemple, si l'exercice ne comporte que des ronds noirs, on peut, sans grand risque de se tromper, éliminer les solutions présentant des carrés ou des ronds blancs. Le choix plus restreint limite à son tour les interprétations différentes que l'on peut faire de l'exercice proprement dit.

PASSER À LA QUESTION SUIVANTE

Il arrive néanmoins que des questions résistent. Qu'on les prenne dans un sens ou dans un autre, elles ne veulent pas livrer leur secret. Dans ces cas-là, mieux vaut ne pas perdre trop de temps et passer rapidement à la suivante. Démarche qui ne vous interdit pas de revenir en arrière quelque temps plus tard.

Nous mettrons un léger bémol à ce dernier conseil en vous recommandant d'être vous-même. Si vous avez un tempérament de bûcheur acharné, si vous êtes quelqu'un de consciencieux qui ne lâche pas une tâche avant qu'elle ne soit complète, ne vous faites pas trop violence pendant le test en vous obligeant à voltiger d'une question à l'autre. En effet, bien mené, le test doit prendre en compte non seulement le nombre de réponses justes, mais également la façon dont le candidat l'aborde : selon l'emploi à pourvoir, on se tournera vers un sujet consciencieux, mais un peu lent, ou vers un candidat qui donne de nombreuses réponses, mais évite d'affronter les difficultés.

Le passage du test

Le jour du test, essayez d'être en forme et détendu. Prenez garde de ne pas gaspiller bêtement des points en cochant par mégarde une case autre que celle voulue : tout le travail de cogitation est bon, mais gâché par une demi-seconde d'inattention.

Avant le test, si c'est possible, n'hésitez pas à parler aux organisateurs. La conversation brise la glace, et estompe l'aspect examen scolaire.

Les exercices présentés dans ce volume* ont surtout pour objet de vous obliger, grâce à l'entraînement, à respecter les temps impartis pour le passage des tests. À cet effet nous vous recommandons d'utiliser un minuteur.

* *Voir dans la même série :* Exercez-vous aux tests d'entreprises.

Les tests de séries visuelles

Pour chaque exercice,
trouvez la figure suivante de la série.

Temps imparti : 5 minutes par test.

Dix points pour chaque réponse juste.

LES SÉRIES VISUELLES

Les trois premières figures commencent une série. Il vous faut découvrir la figure qui continue cette série parmi le choix de figures numérotées au-dessous.

Trois catégories de séries se répètent régulièrement :

Les déplacements

Les mêmes éléments se retrouvent d'une figure à l'autre, mais pas exactement au même endroit. Ces éléments semblent se déplacer soit d'une case, soit d'un coin à un autre, etc. Plusieurs éléments peuvent se déplacer simultanément dans des directions différentes ; ils peuvent également être combinés à des éléments fixes. Ils peuvent éventuellement se superposer (un élément masquant l'autre). Un élément peut également sortir du cadre et réapparaître dans le côté opposé.

Les rotations

Au lieu de se déplacer latéralement, les éléments peuvent tourner, soit autour du centre de la figure, soit sur eux-mêmes.

Les modifications

Au lieu de se déplacer, les éléments d'une figure peuvent se modifier en restant à la même place. Il s'agit alors généralement d'une modification soit de couleur (noir/blanc), soit de taille, ou de quantité.

Ces catégories peuvent se combiner dans une même figure.

TEST 1

Question 1

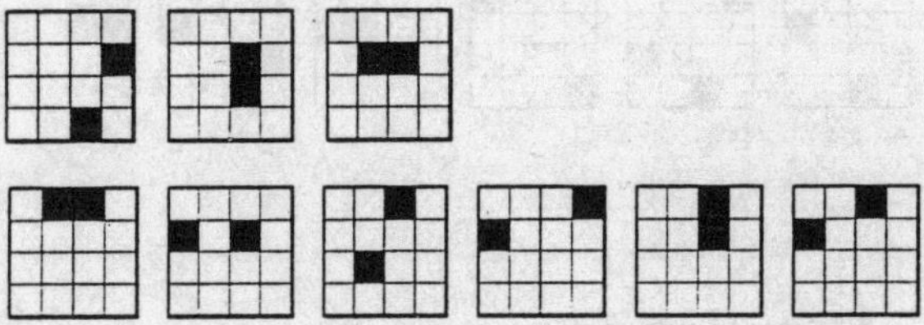

1 2 3 4 5 6

Question 2

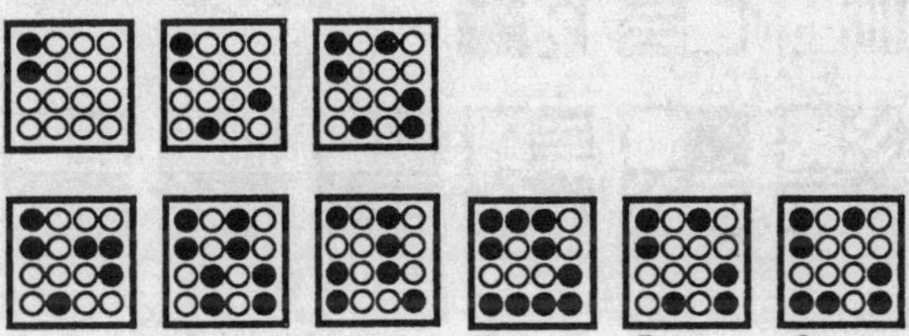

1 2 3 4 5 6

Question 3

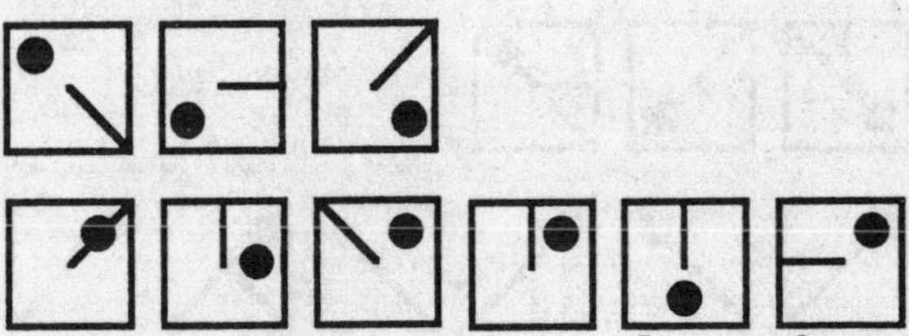

1 2 3 4 5 6

Question 4

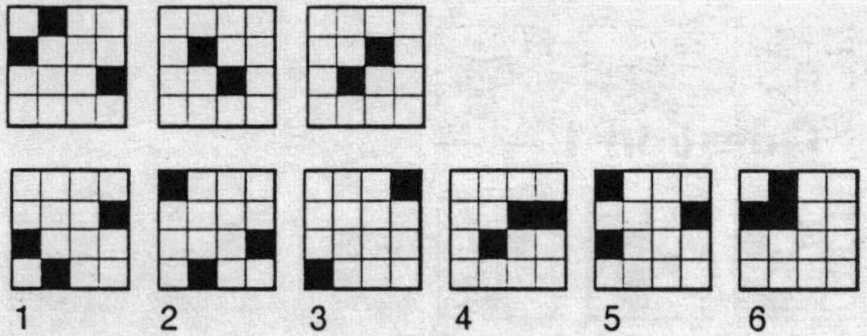

Question 5

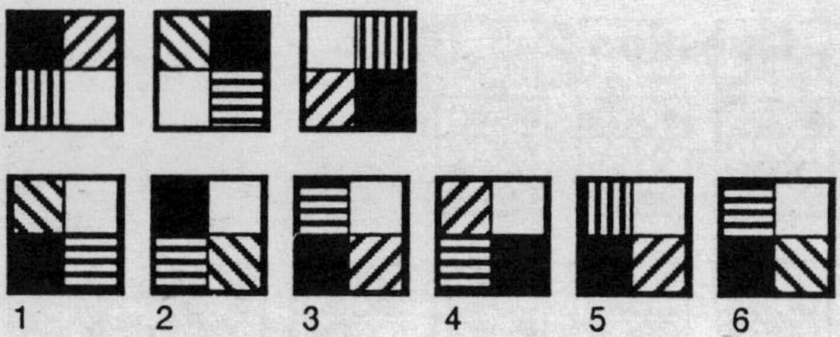

Question 6

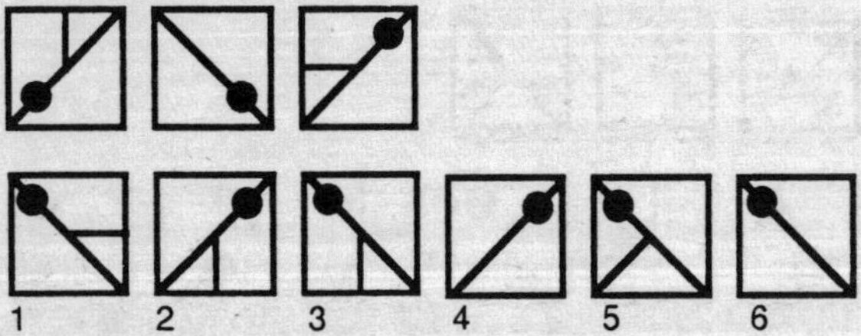

Question 7

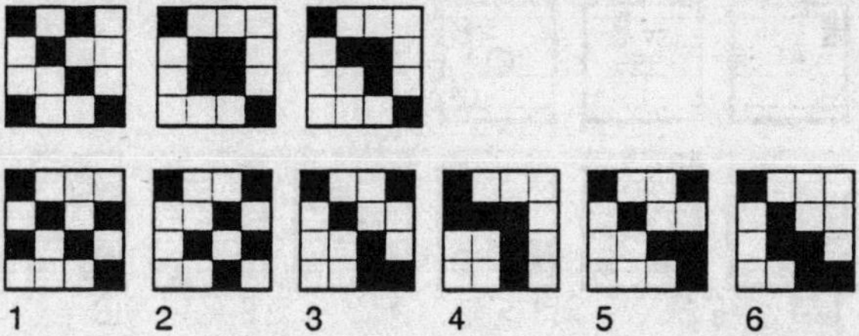

Question 8

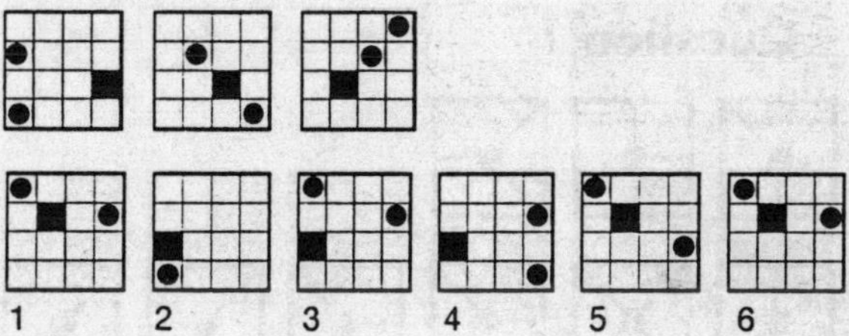

Question 9

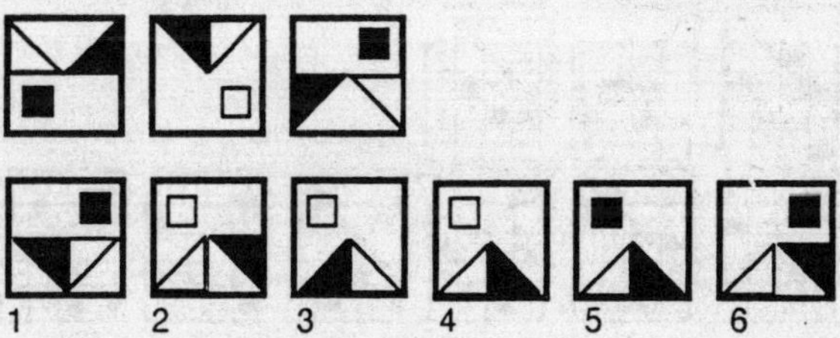

Question 10

1 2 3 4 5 6

TEST 2

Question 1

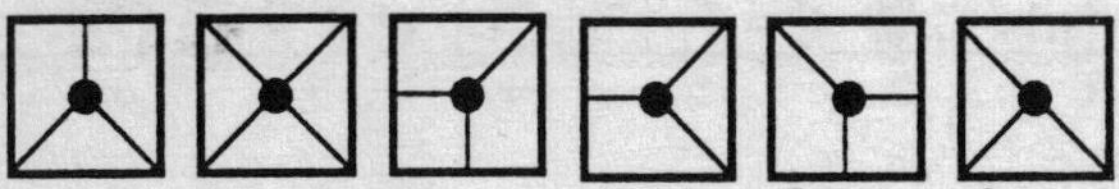

1 2 3 4 5 6

Question 2

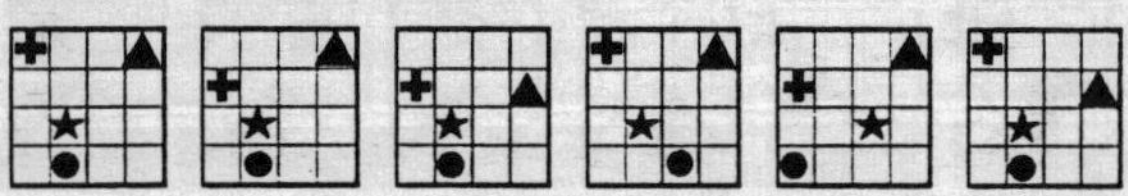

1 2 3 4 5 6

Question 3

1 2 3 4 5 6

Question 4

1 2 3 4 5 6

Question 5

1 2 3 4 5 6

Question 6

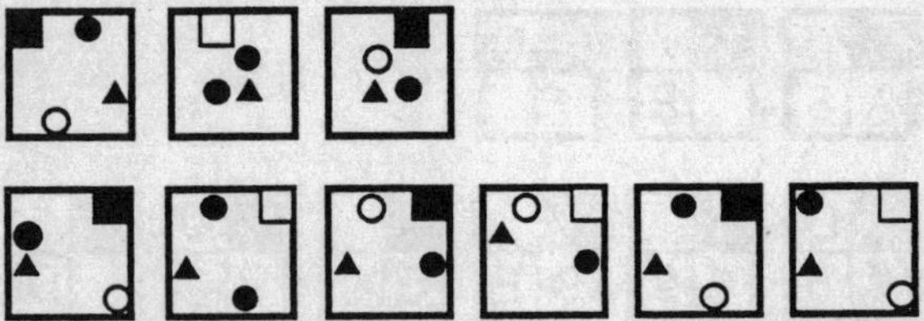

1 2 3 4 5 6

Question 7

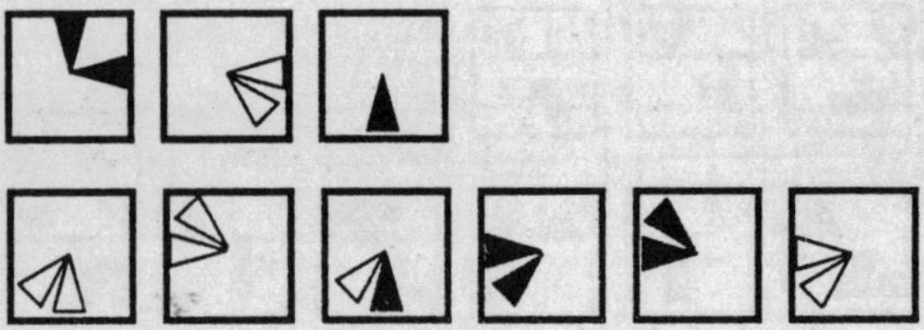

1 2 3 4 5 6

Question 8

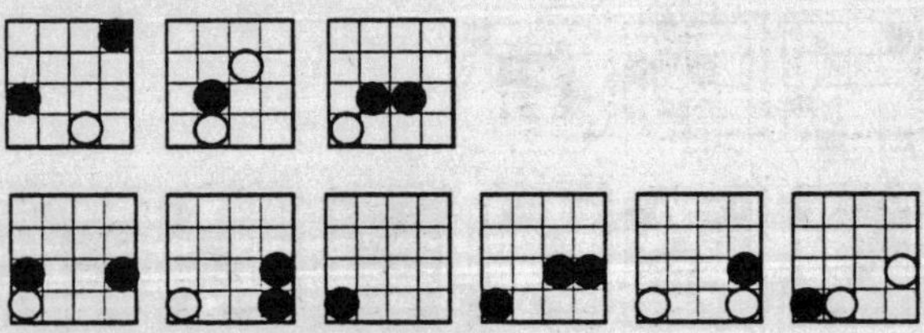

1 2 3 4 5 6

Question 9

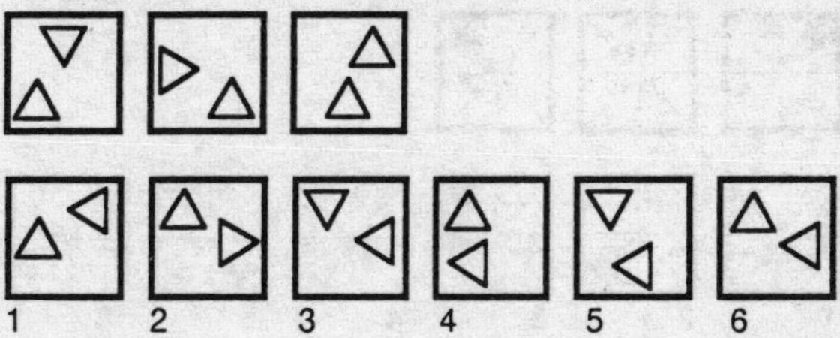

Question 10

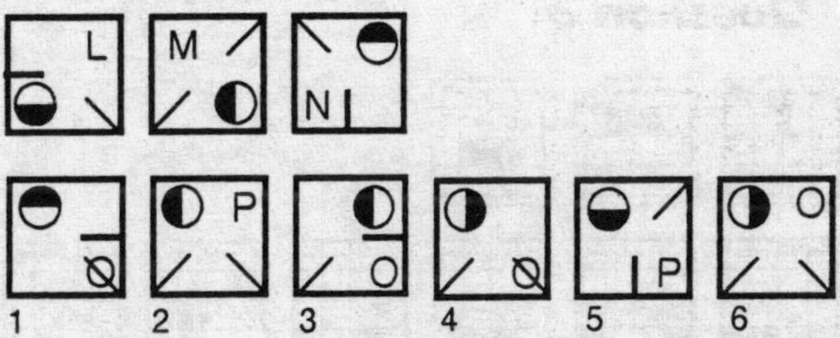

TEST 3

Question 1

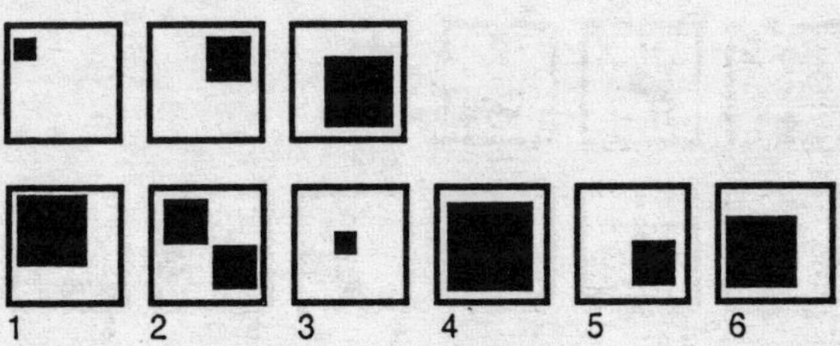

Question 2

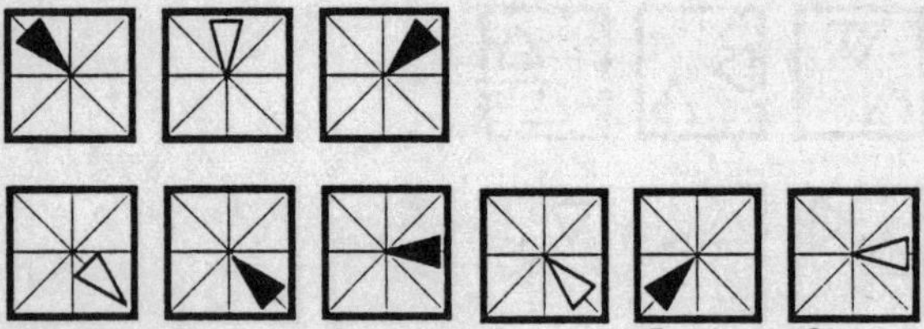

1 2 3 4 5 6

Question 3

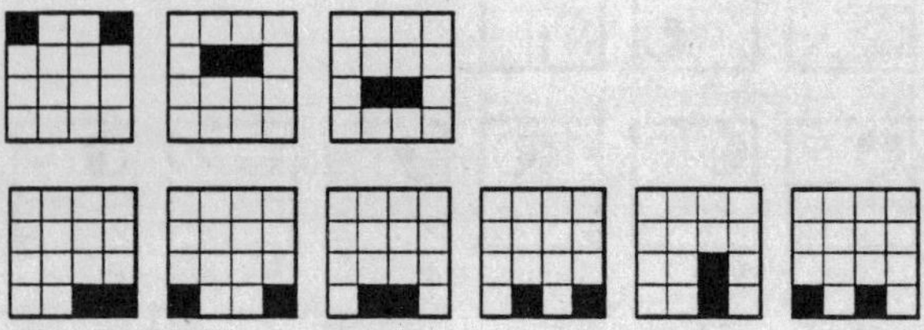

1 2 3 4 5 6

Question 4

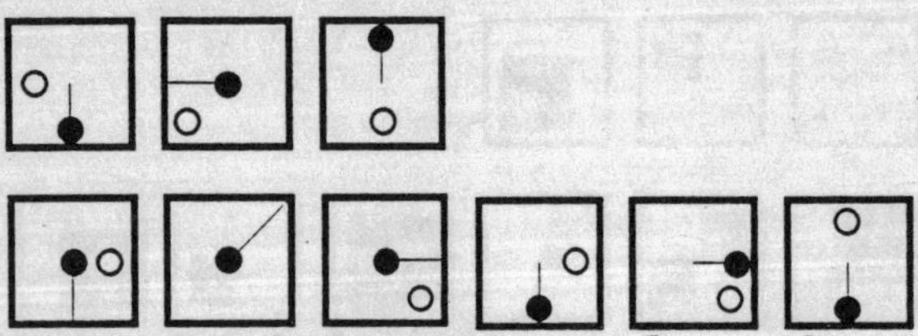

1 2 3 4 5 6

Question 5

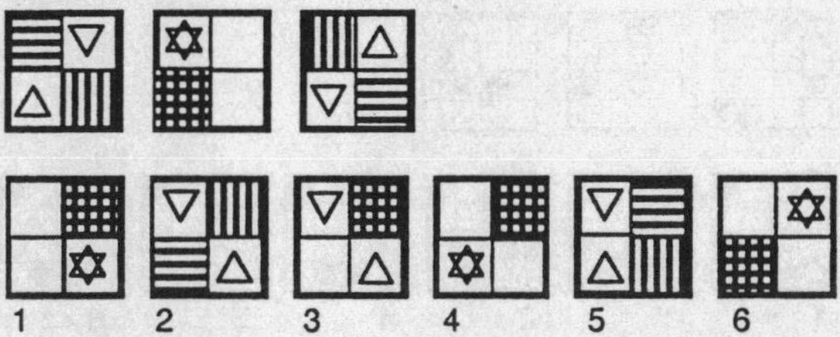

Question 6

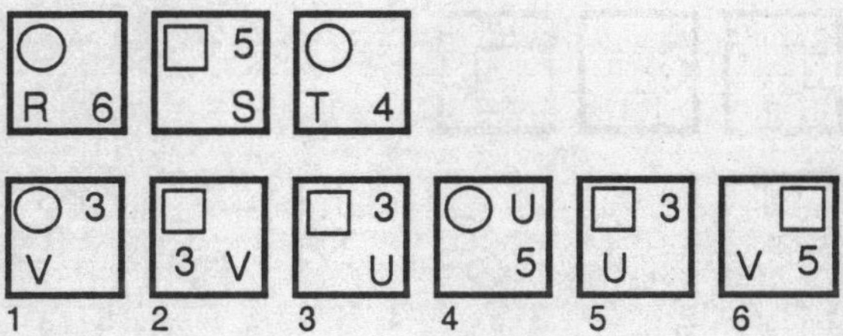

Question 7

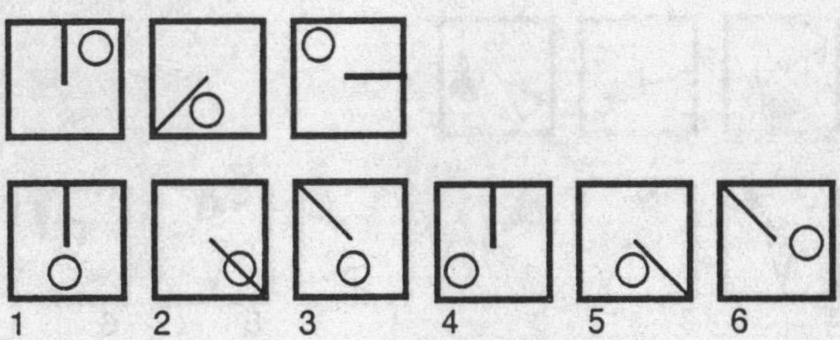

Question 8

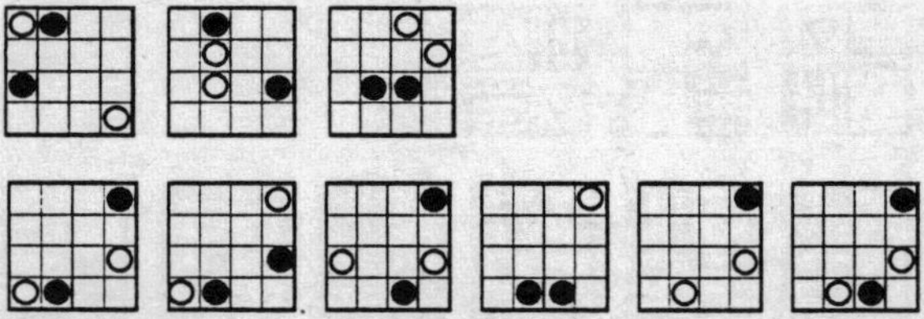

1 2 3 4 5 6

Question 9

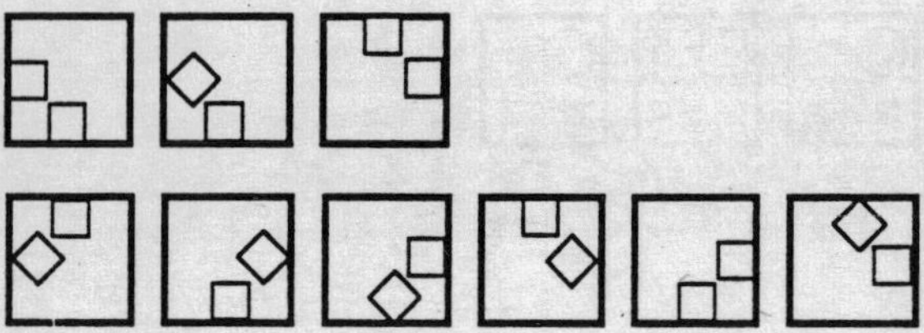

1 2 3 4 5 6

Question 10

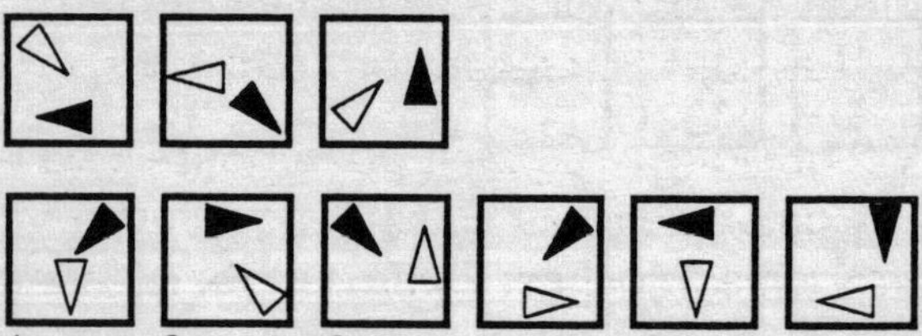

1 2 3 4 5 6

*L*es tests de compréhension verbale

Temps imparti
Tests de vocabulaire : 3 minutes par test.
Tests de compréhension : 5 minutes.

Vocabulaire : 10 points par réponse juste.
Compréhension : 5 points par phrase correctement cochée. 2 phrases par question.

LES TESTS DE COMPRÉHENSION VERBALE

Les questionnaires de vocabulaire reviennent régulièrement dans les tests de sélection car selon certains psychologues, il y aurait une corrélation directe entre l'intelligence d'une personne et l'étendue de son vocabulaire. Les précisions qui accompagnent de telles affirmations y apportent des nuances importantes, mais disons qu'en gros, les personnes avec un quotient intellectuel élevé ont tendance à avoir également un vocabulaire varié... De là à utiliser le vocabulaire dans les tests de sélection, il n'y avait qu'un pas, que d'aucuns ont franchi allègrement. Sans vous recommander de potasser le dictionnaire, un certain entraînement peut être utile même en matière de vocabulaire. La familiarité avec ces tests permet d'élaborer une tactique et ainsi montrer ce que souvent on sait, mais qu'on n'a pas su exploiter.

D'autres tests de compréhension verbale se présentent sous la forme d'un proverbe dont il faut cerner la signification réelle en le comparant à d'autres phrases. Ces tests, cependant, sont souvent très critiqués et de nombreuses personnes ne s'accordent pas avec les concepteurs des tests quant aux bonnes solutions. Un conseil pour trouver les réponses généralement considérées comme bonnes : essayez de prendre le proverbe dans sa signification la plus générale et non pas dans ses détails spécifiques ou même logiques.

Nos solutions au test de compréhension verbale, comme celles apportées à d'autres tests de ce même style, sont ouvertes à contestation. Osez, le cas échéant, affirmer et justifier votre choix !

TEST 1
Vocabulaire

Soulignez, dans chaque série, le mot dont le sens ou l'usage diffère de celui des autres.

1 - Somnoler, s'assoupir, paresser, dormir, sommeiller
2 - Travailler, turbiner, bosser, trimer, boulonner
3 - Escarpin, brodequin, sabot, semelle, espadrille
4 - Incroyant, félon, mécréant, athée, païen
5 - Pointu, affûté, tranchant, acéré, effilé
6 - Infraction, embarras, empêchement, contrariété, entrave
7 - Jaune, safran, citron, ocre, blond, tilleul
8 - Collectivité, association, assemblée, société, faisceau
9 - Parcelle, particule, fragment, morceau, débris, corpuscule
10 - Proscrire, bannir, exiler, spolier, expulser

TEST 2
Vocabulaire

Soulignez, dans chaque série, le mot dont le sens ou l'usage diffère de celui des autres.

1 - Implorer, supplier, adjurer, vénérer, invoquer

2 - Insignifiant, véniel, négligeable, anodin, congru

3 - Résolution, réalisation, ténacité, détermination, volonté

4 - Fiable, licite, permis, agréé, toléré, autorisé

5 - Poltron, caudataire, pleutre, couard, froussard

6 - Libelle, pamphlet, pensum, satire, diatribe

7 - Faveur, prébende, gracieuseté, gratification, libéralité

8 - Paléolithique, cambrien, quaternaire, magnésien, pléistocène

9 - Quadrille, cotillon, sarabande, rigodon, cantilène

10 - Protubérance, apophyse, vacuole, tubérosité, gibbosité

TEST 3

Compréhension

Pour chaque question, cochez les deux phrases qui ont la signification la plus proche de la maxime.

1 - Il ne faut pas mettre la charrue avant les bœufs.

A - Il ne faut pas commencer par la fin.

B - Il vaut mieux tirer que pousser.

C - Il faut faire les choses dans le bon ordre.

D - Labourage précède pâturage.

2 - Œil pour œil, dent pour dent.

A - Il ne faut pas faire aux autres ce qu'on ne voudrait pas qu'ils nous fassent.

B - Qui perd la vue, perd l'appétit.

C - Punissez les fautifs en leur faisant subir les dommages qu'ils ont occasionnés aux autres.

D - Que le châtiment soit semblable à la faute commise.

3 - Les bons comptes font les bons amis.

A - Pour rester en bons termes, il faut s'acquitter de ce qu'on se doit les uns aux autres.

B - C'est en évitant les relations monétaires troubles qu'on évite de se brouiller avec ses amis.

C - Un véritable ami sait vous aider financièrement si vous êtes dans la gêne.

D - Les larrons s'entendent toujours entre eux.

4 - Chose promise, chose due.

A - Les promesses n'engagent que ceux qui les croient.

B - Il faut tenir ses promesses.

C - Un tiens vaut mieux que deux tu l'auras.

D - On doit s'acquitter de ses promesses, même si cela représente un effort.

5 - Un homme averti en vaut deux.

A - Un travailleur compétent est deux fois plus précieux qu'une personne sans expérience.

B - On est plus prudent si l'on est informé.

C - Rien de tel qu'un bon tuyau pour gagner au jeu.

D - Prévenu d'un danger, on sait mieux l'éviter.

6 - Qui trop embrasse mal étreint.

A - Si l'on entreprend trop de choses, on risque de n'en réussir aucune.

B - L'homme qui a trop de femmes n'en satisfait aucune.

C - À vouloir trop faire, on risque de mal faire.

D - Contentez-vous de peu.

7 - Qui sème le vent récolte la tempête.

A - L'enfer est pavé de bonnes intentions.

B - Qui crée la pagaille en subit aussi les désagréments.

C - Il faut préparer les choses longtemps à l'avance.

D - Les troubles sociaux sont toujours dus à de beaux parleurs.

E - Si on provoque le désordre, il faut s'attendre à en subir les conséquences.

F - Le temps n'est jamais si mauvais qu'il ne puisse empirer.

8 - Tout vient à point à qui sait attendre.

A - La patience est généralement récompensée.

B - L'attente est la moitié du plaisir.

C - Les personnes patientes savent savourer l'instant présent.

D - On obtient ce que l'on souhaite si l'on sait être patient.

E - Il faut savoir profiter des opportunités quand elles se présentent.

F - Sachez vous organiser, et vous ne perdrez pas de temps à attendre.

Les tests de dominos

Pour chaque exercice,
trouvez le domino qui manque.

Temps imparti : 8 minutes par test.

Dix points pour chaque réponse juste.

LES TESTS DE DOMINOS

Plusieurs dominos sont disposés selon une certaine logique et l'un de ces dominos est caché. Il faut retrouver la logique pour déterminer quel est le domino qui manque et placer correctement les deux cases.

Nul besoin de connaître le jeu de domino pour résoudre ces exercices. Il faut néanmoins savoir que chaque domino est formé de deux moitiés qui peuvent contenir entre zéro point (case blanche) et six points. Les deux moitiés peuvent être semblables ou différentes.

Il faut se rappeler que le six est la valeur la plus élevée, et ainsi, dans une série continue, les valeurs viendront dans l'ordre suivant, si elle est croissante : 0-1-2-3-4-5-6-0-1, etc., et 0-6-5-4-3-2-1-0-6, etc., si elle est décroissante.

Trois catégories se retrouvent régulièrement :

Les séries

Le nombre de points dans les cases des dominos suit une progression logique. Cette progression peut être croissante ou décroissante, et en boucle ou pas. La série peut se retrouver sur les deux cases de chaque domino, ou seulement sur une de celles-ci. Par ailleurs, la série n'est pas toujours une simple progression d'un point (1, 2, 3), elle peut sauter un ou plusieurs termes* à chaque fois (2, 4, 6 ou 1, 4, 0...).

* Nombre de points dans une case de domino.

Les répartitions

Exercice où les dominos sont répartis selon une règle simple : symétrie, un par colonne, un sur deux, etc.

Les opérations

Les dominos forment une opération simple, une case représentant, par exemple, la somme des cases précédentes, la différence, etc.

TEST 1

Question 1

Question 2

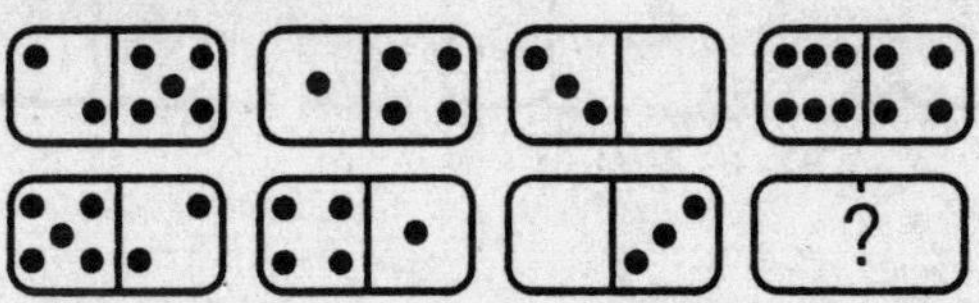

Question 3

Question 4

Question 5

Question 6

Question 7

Question 8

Question 9

Question 10

TEST 2

Question 1

Question 2

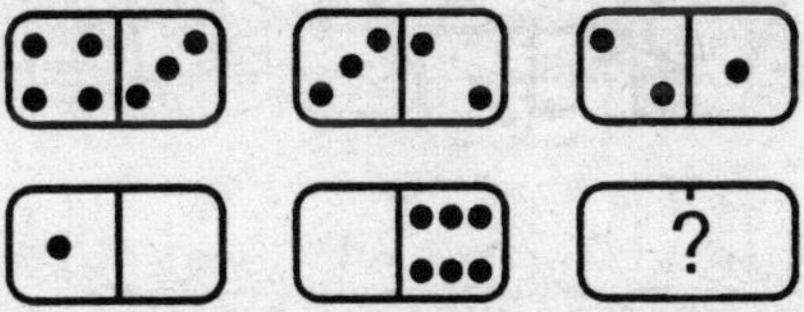

Question 3

Question 4

Question 5

Question 6

Question 7

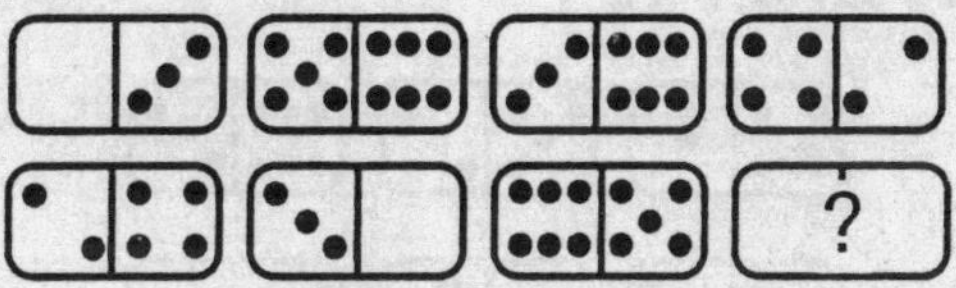

Question 8

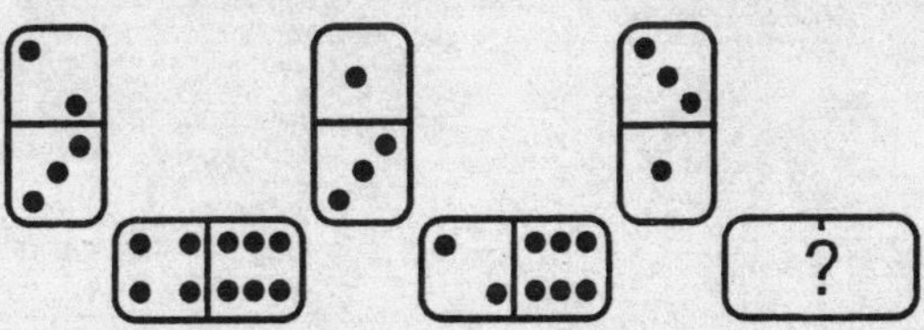

Question 9

Question 10

TEST 3

Question 1

Question 2

Question 3

Question 4

Question 5

Question 6

Question 7

Question 8

Question 9

Question 10

Les tests de raisonnement

Rr

Complétez chaque exercice
en inscrivant une lettre ou un chiffre
sur chaque tiret
ou en soulignant un mot.

Rr

Temps imparti : 8 minutes par test.

Dix points pour chaque réponse juste.

LES TESTS DE RAISONNEMENT

Le véritable casse-tête de ces exercices n'est pas tant de trouver la solution que de découvrir la question ! En effet, les seules instructions données indiquent qu'il faut mettre un chiffre ou une lettre sur les tirets, mais comment ? pourquoi ? selon quelle logique ?

En fait, la seule constante qu'on retrouve dans tout le test est que la question comporte un exemple avec sa solution ; vous devez vous en inspirer pour appliquer sa logique particulière au reste de la question (complément qui est souvent imbriqué dans l'exemple même).

Une fois que l'on a trouvé ce qu'il faut faire, l'exercice n'est généralement pas bien difficile. Il est donc important de se familiariser avec le type de question qui risque d'être posée.

TEST 1

Complétez chaque exercice en inscrivant votre réponse sur les tirets (une lettre ou un chiffre par tiret) ou en soulignant certains mots.

1 - RAPHE, ARGOE ; HARPE, _ _ _ _ _

2 - EROSCUSOUPIT ; SOURCE, _ _ _ _ _ _

3 - ENCOMBRE, LAMPISTE ; OMBRE, _ _ _ _ _

4 - 7142653, PARTIAL ; 5731264, _ _ _ _ _ _ _

5 - U5 Z3 I2 S6 O4 B1, BIZOUS ;
N4 O2 G3 R6 C1 E5, – – – – – –

6 - Cerise, noyau ; fraise, akène ; raisin – – – – – –

7 - Polir astiquer orner lustrer cirer
Repriser réparer raccommoder rapiécer ravauder

8 - Respecter Repasser Mépriser Interpeller Froisser
Limpidité Mélancolie Fierté Opacité Gaieté

9 - TANCER 20. ENCART 5. NECTAR 14. CARNET –

10 - IRONISONS R, IRRITÉE T, ENTANTE A, RENTRANTE –

TEST 2

Complétez chaque exercice en inscrivant votre réponse sur les tirets (une lettre ou un chiffre par tiret) ou en soulignant certains mots.

1 - TNIAF, TOUBS ; NATIF, – – – – –

2 - SEOIRRMROPER ; ROSIER, – – – – – – –

3 - INDIGÈNE, MINÉRALE ; GENE, – – – –

4 - 8159327, CALIFES ; 3978152, – – – – – – –

5 - N4 M6 P1 O5 E3 R2, PRÉNOM ;
L6 I5 H2 N4 C1 E3, – – – – – – –

6 - Goujon, eau ; pigeon, air ; taupe, – – – – –

7 - Page livre caractère chapitre mot
Enseigne vitrine marchandise magasin comptoir

8 - Prudence revenu avance retard dépense
Persévérance insouciance inconstance observance inquiétude

9 - BATACLAN, A ENGEANCE, E FAUCILLE, L PRÉPARER, –

10 - SUCCÈS, 6.4 RÉUSSITE, 8.6 VICTOIRE, 8.7
EXPLOIT, –.–

TEST 3

Complétez chaque exercice en inscrivant votre réponse sur les tirets (une lettre ou un chiffre par tiret) ou en soulignant certains mots.

1 - AIEVFS, MRHODA ; ÉVASIF, – – – – – –

2 - IAOTLNMORBNE ; LAITON, – – – – – –

3 - CARBONATE, COUTELIER ; BON, – – –

4 - EXTRADE, 3462153 ;
DÉTAXER, – – – – – – –

5 - R6 O2 U5 M1 E4 T3, MOTEUR ;
S6 N2 U5 R4 I1 T3,
– – – – – –

6 - Perruque, calvitie ; plâtre, fracture ;
plombage, – – – – –

7 -

Gâchette	œilleton	cartouche	crosse	barillet
Essence	démarreur	essieu	calandre	bougies

8 -

Nécessaire,	vertueux,	irrégulier,	pervers,	superflu
Prétention,	supposition,	adjonction,	modestie,	suppression

9 - POTSDAM 2, LISBONNE 3, CHÂTEAU-CHINON 6,
LUNÉVILLE –

10 - CHRISTINE 3.9, CHANTAL 3.7, MARGUERITE 13.10,
ANNIE –.–

Les tests de matrices

Pour chaque exercice,
trouvez la figure qui complète la matrice.

Temps imparti : 10 minutes par test.

Dix points pour chaque réponse juste.

LES TESTS DE MATRICES

Des figures sont disposées dans une matrice selon une certaine logique mais une des figures manque. Le candidat doit découvrir la logique qui a gouverné la disposition de la matrice pour retrouver la figure qui manque parmi le choix de figures numérotées.

Quatre catégories de disposition des matrices se retrouvent régulièrement :

Les répartitions

Les figures sont réparties dans la matrice pour qu'une même figure ne se retrouve jamais deux fois dans une même colonne ou rangée. Chaque figure peut comprendre plusieurs éléments répartis selon le même principe.

Les superpositions

On imagine que les dessins sont sur des plaquettes de verre et que celles-ci sont placées les unes sur les autres. Il faut trouver soit un élément d'une telle superposition, soit des variantes sur le même thème : les traits communs à plusieurs éléments superposés, les dessins qui complètent une forme, etc.

Les transformations

Les figures se transforment progressivement, soit par des déplacements ou des rotations, soit par des modifications de couleur, soit encore en formant des opérations simples (additions ou soustractions d'éléments identiques).

Les assemblages

Des éléments des différentes figures sont repris de la même façon d'une rangée ou d'une colonne à l'autre, puis rassemblés pour former une troisième figure.

Ces raisonnements s'appliquent horizontalement, verticalement ou dans les deux sens à la fois.

TEST 1

Question 1

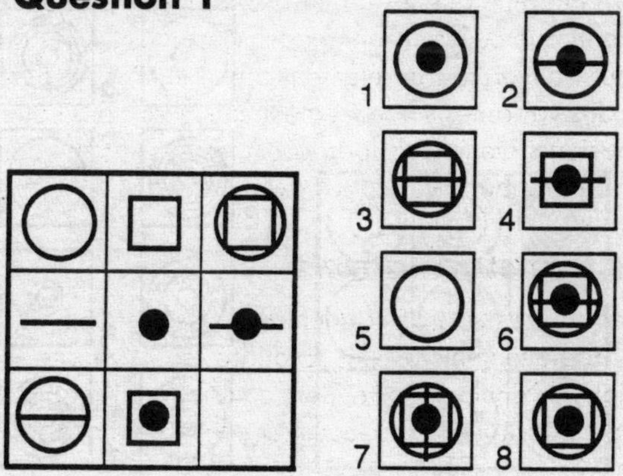

Question 2

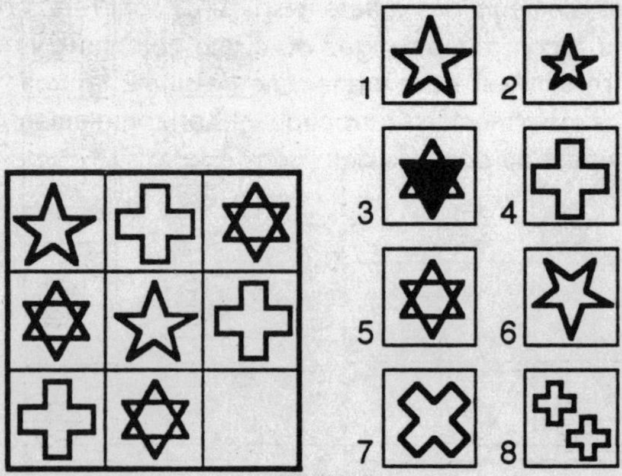

Question 3

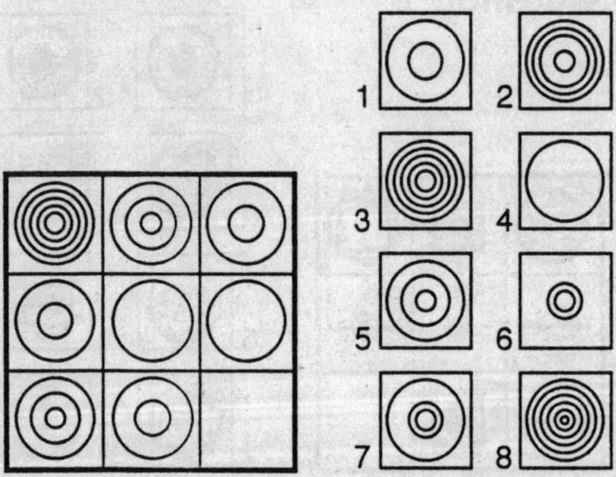

Question 4

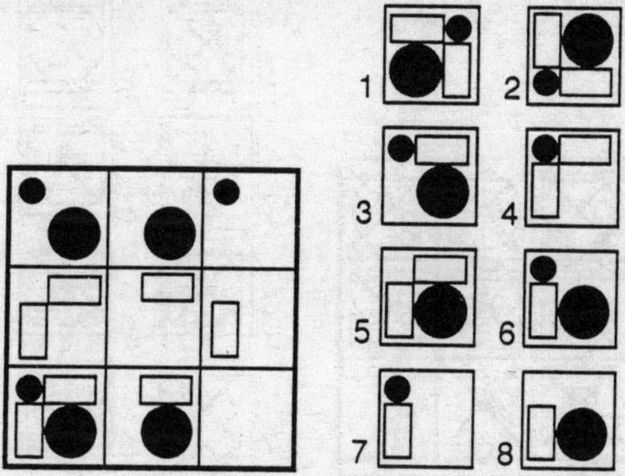

Question 5

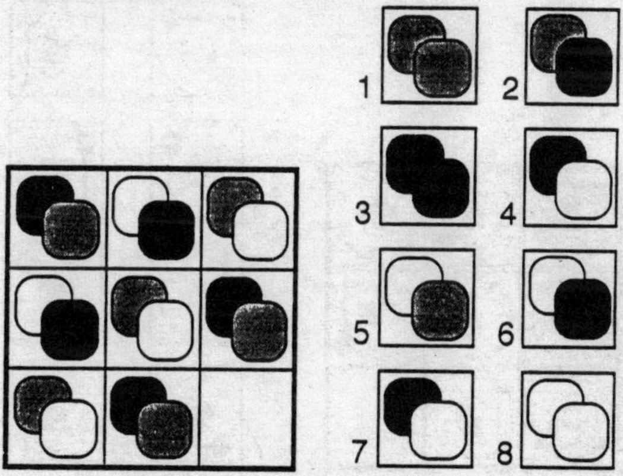

Question 6

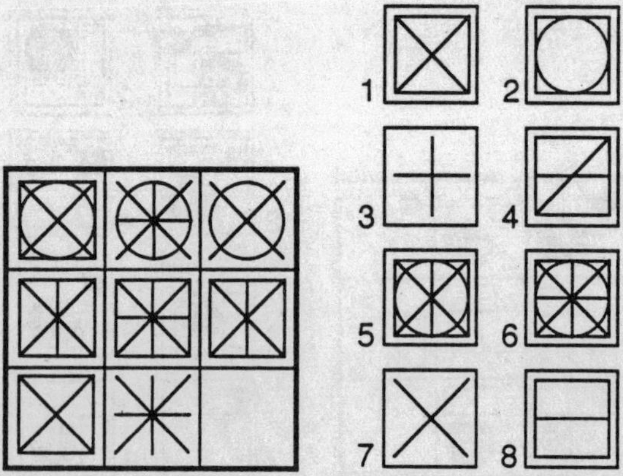

Question 7

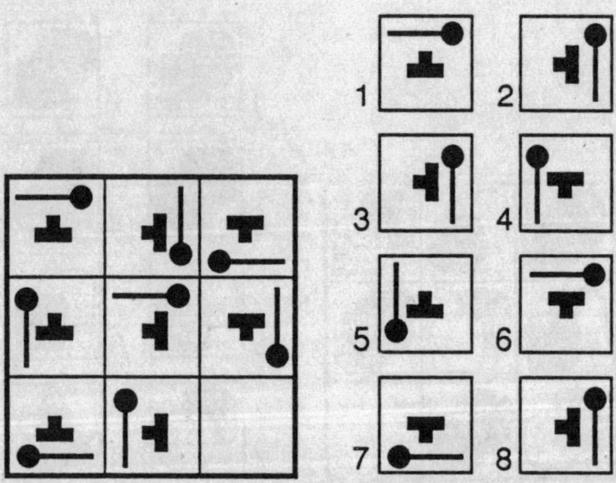

Question 8

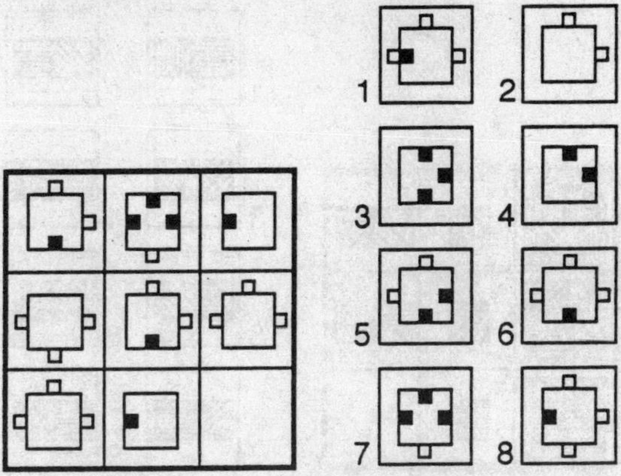

Question 9

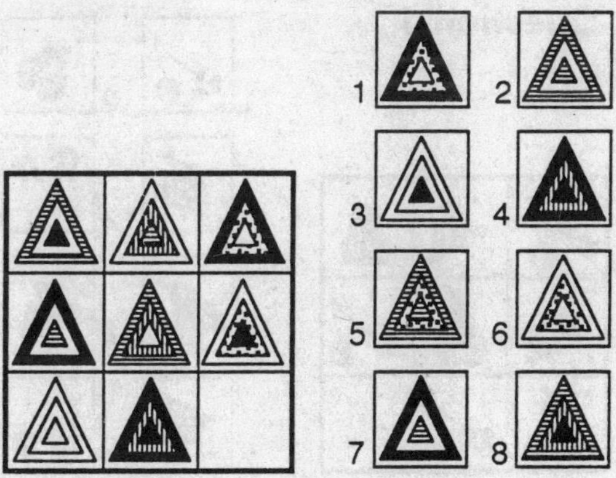

Question 10

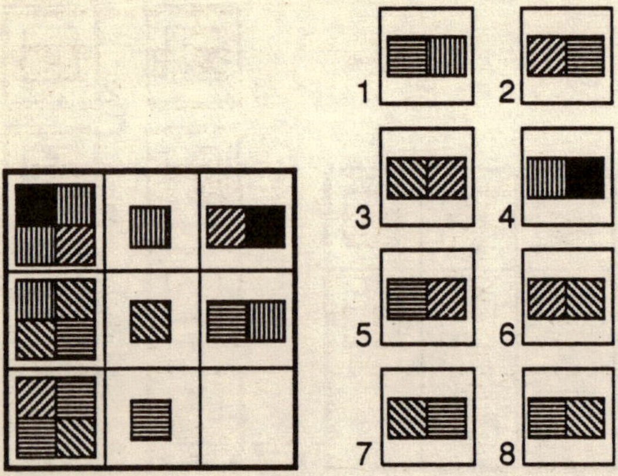

TEST 2

Question 1

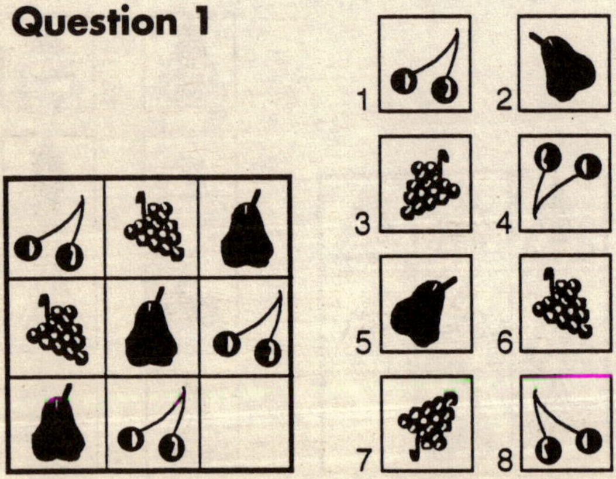

Question 2

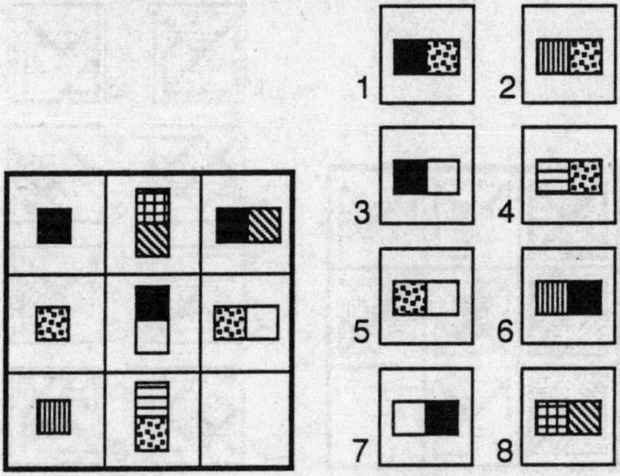

Question 3

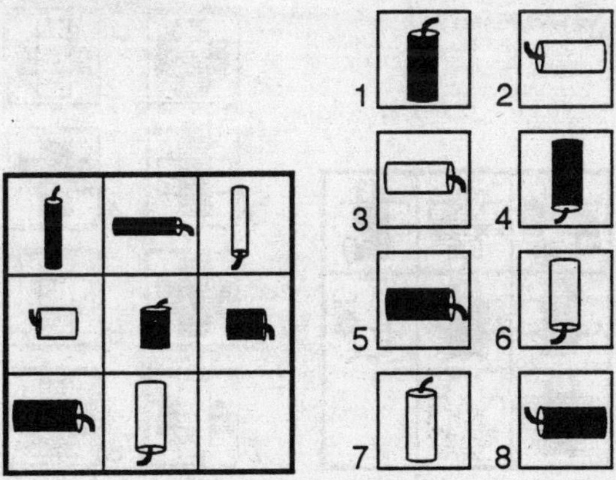

Question 4

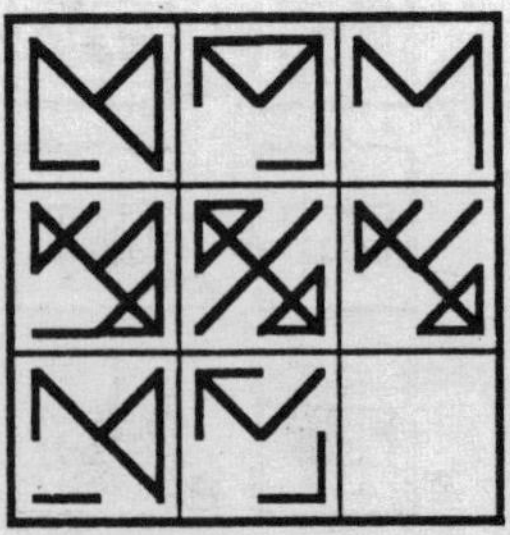

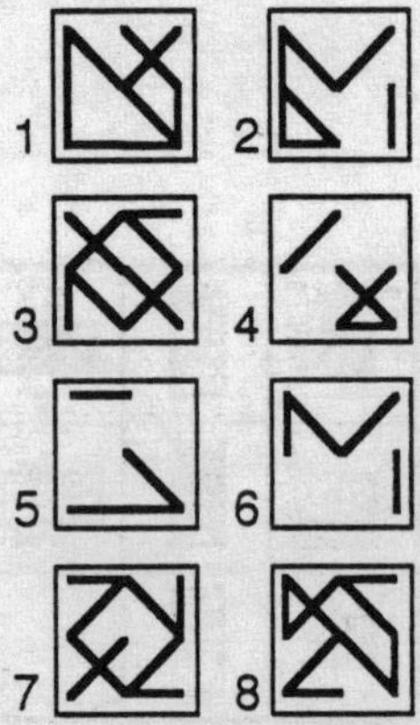

Question 5

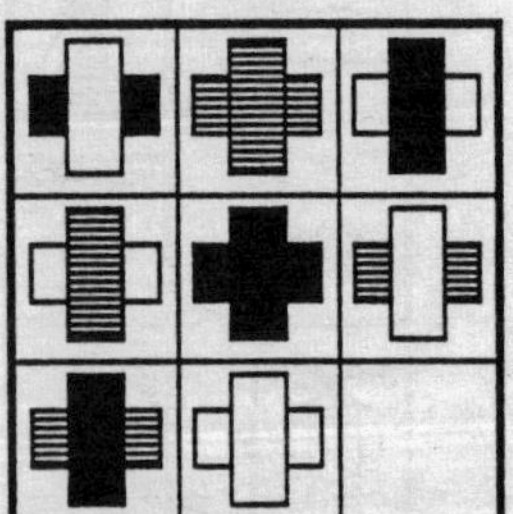

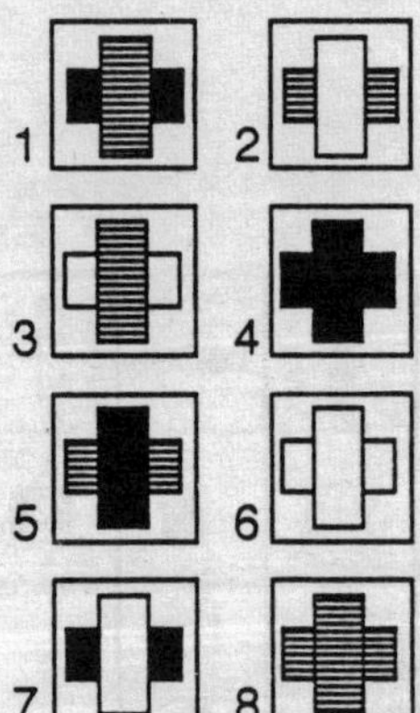

Question 6

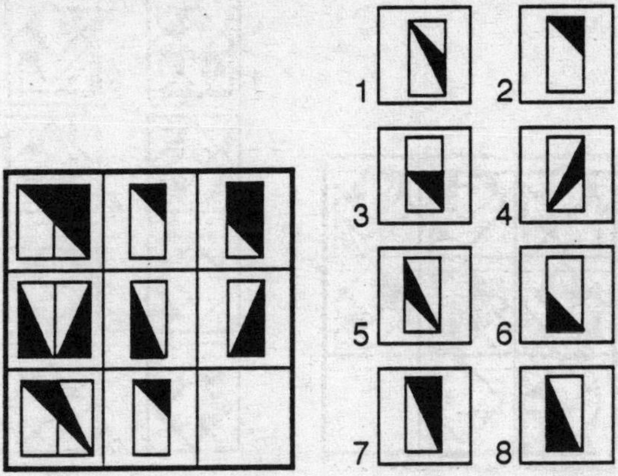

Question 7

Question 8

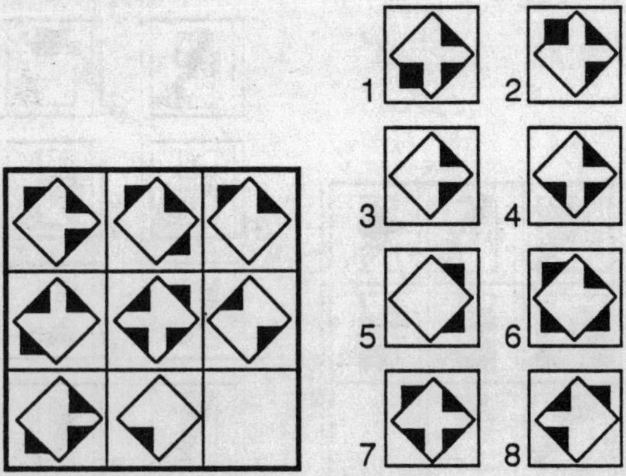

Question 9

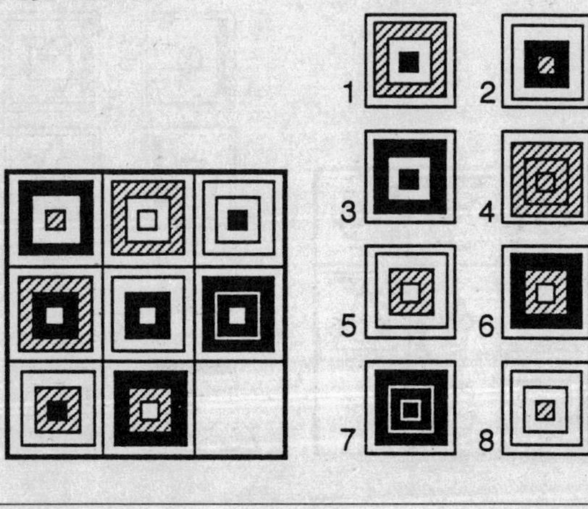

Question 10

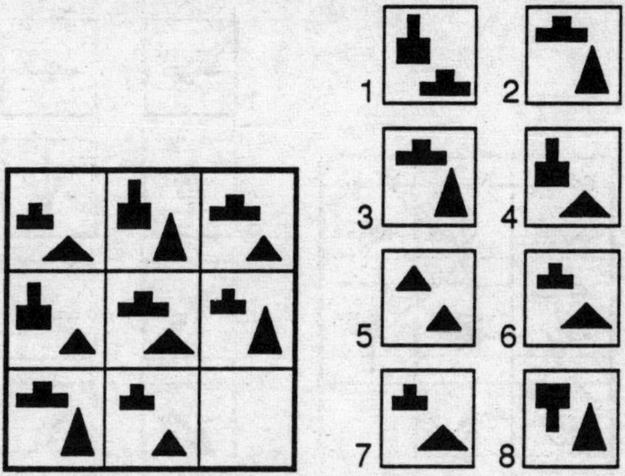

TEST 3

Question 1

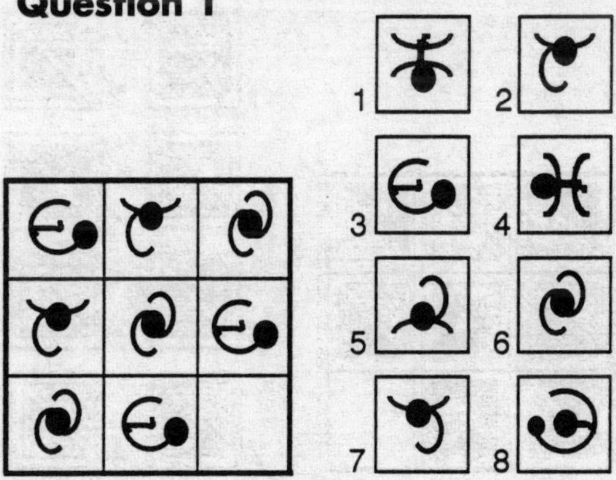

Question 2

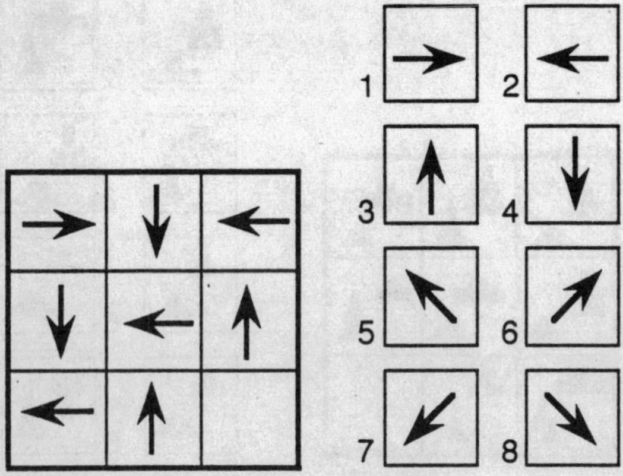

Question 3

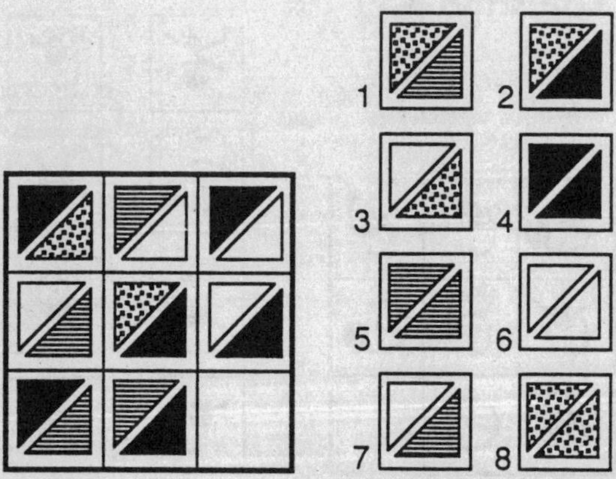

Question 4

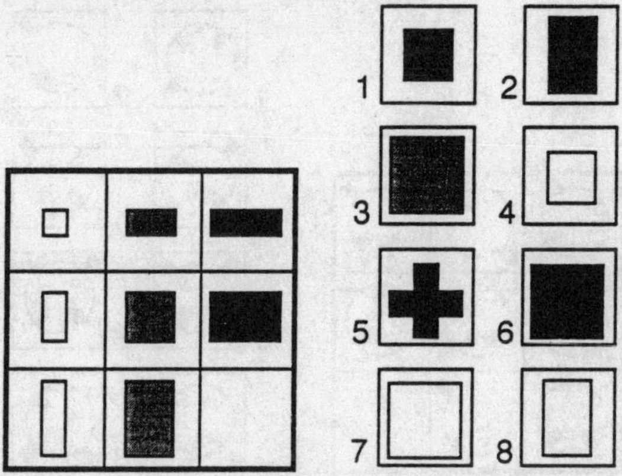

Question 5

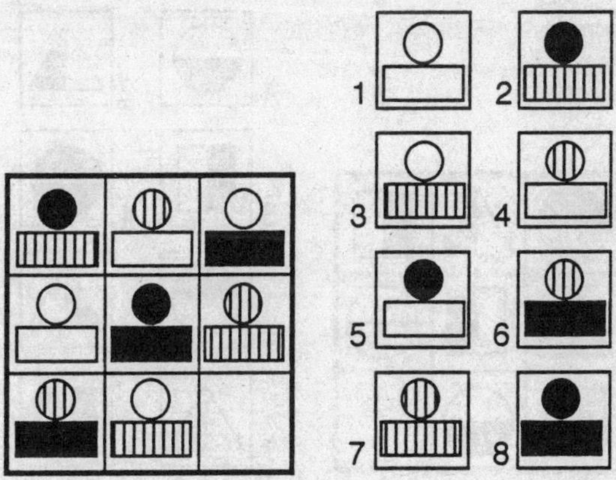

Question 6

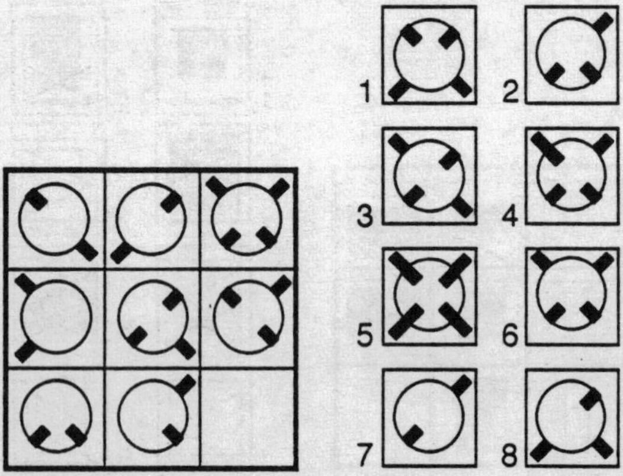

Question 7

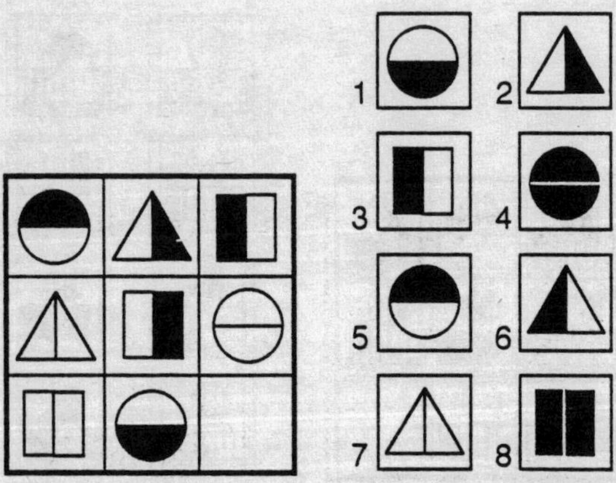

Question 8

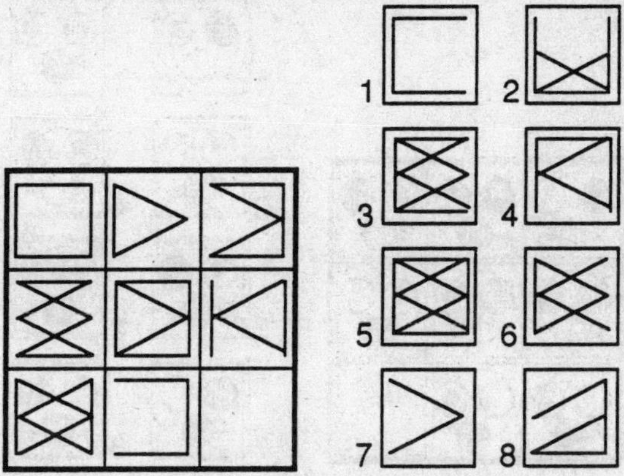

Question 9

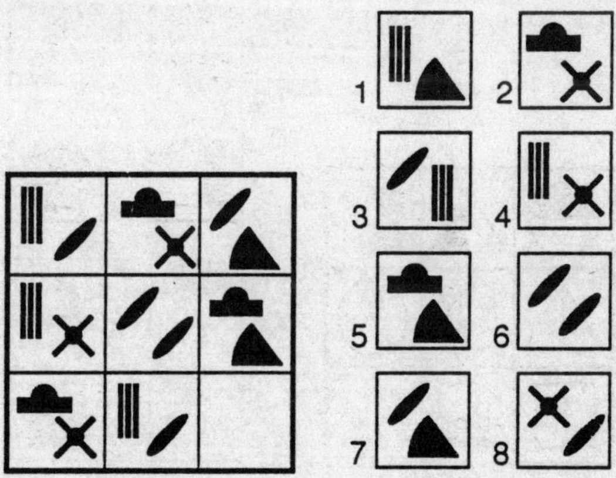

Question 10

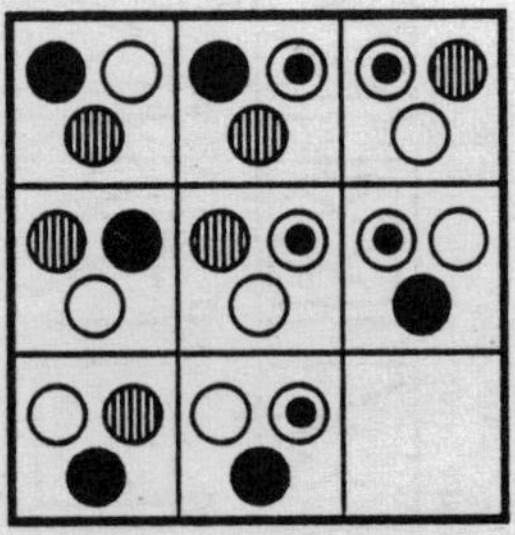

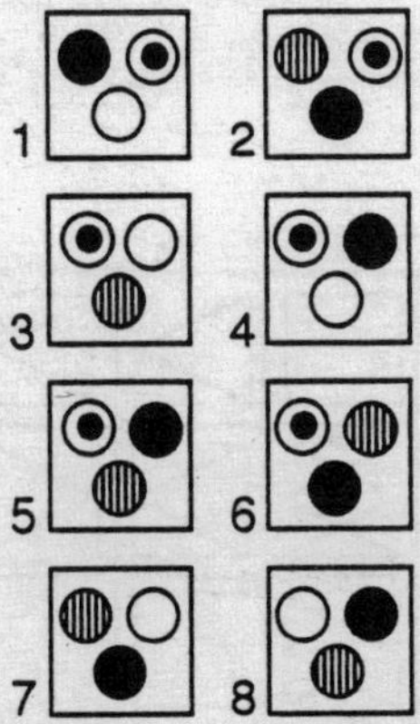

Les tests de séries

Trouvez le nombre ou la lettre
qu'il faut placer sur les tirets
pour poursuivre chacune de ces séries.

Temps imparti : 15 minutes par test.

Quatre points pour chaque réponse juste.

LES TESTS DE SÉRIES

Les séries sont des épreuves qu'affectionnent les concepteurs de tests, mais qui sont souvent très critiquées par les mathématiciens. Les uns y voient des exercices où le candidat doit faire preuve d'invention et de rigueur numérique, alors que les autres trouvent que la solution proposée n'est souvent pas unique et que les moyens pour la trouver reposent plus sur le hasard et la chance que sur une démarche mathématique.

Les uns et les autres ont sans doute en partie raison, mais les tests de séries existent et il est sage de s'y préparer. Par ailleurs, ce sont des exercices que beaucoup de personnes trouvent à la fois distrayants et stimulants.

Sans jamais avoir recours à des connaissances approfondies en mathématiques, ces séries exigent néanmoins une certaine culture des chiffres, surtout pour les dernières questions, qui sont d'un niveau élevé. Nous avons tenu, en effet, à donner des exemples de toutes les difficultés. Vous ne rencontrerez ce type de questions que dans des tests professionnels ayant des critères de sélection très pointus. Si vous avez une moyenne honorable aux questions de A à O, cela indique déjà que vous vous débrouillez fort bien !

TEST 1

Trouvez le nombre (de un ou plusieurs chiffres) ou la lettre qu'il faut placer sur les tirets pour poursuivre chacune de ces séries.

A - 8 12 16 20 24 –
B - 80 77 74 71 68 –
C - A E I M Q –
D - 22 23 25 28 32 –
E - 5 7 10 12 15 –
F - A 3 D 6 G 9 J 12 M – –
G - 71 67 65 61 59 –
H - X U R O L –
I - 2 4 8 16 32 –
J - M 7 K 9 I 11 G – –
K - 7 10 20 23 46 – –
L - 448 224 112 56 28 – –
M - A C F H K M P – –
N - 6 7 5 15 19 14 84 – –
O - B 5 D 7 F 9 H 5 J 7 – –
P - 13 80 17 74 21 68 – –
Q - A W C U E S G Q I – –
R - 4 7 13 25 49 –
S - 3 4 6 8 12 14 – –
T - A 1 BB 3 CCC 6 D 10 EE 15 – –
U - 2 3 (5) 4 5 (9) 6 7 (13) – – –
V - D A C B H E G F L I – –
W - 5 6 16 57 244 –
X - A 1 D 33 G 5 J 77 M – –
Y - 3 12 6 24 12 – –
Z - A 1 3 C 5 7 E 9 11 – –

TEST 2

Trouvez le nombre (de un ou plusieurs chiffres) ou la lettre qu'il faut placer sur les tirets pour poursuivre chacune de ces séries.

A - 43 36 – 22 15 8
B - 3 9 15 – 27 33
C - A F K – U Z
D - 34 27 21 – 8 1
E - – 24 26 40 42 56
F - C 21 G 17 K 13 – – S 5 W
G - 12 19 25 – 34 37
H - Z V – N J F
I - 4 12 36 108 – 972
J - F 24 I 20 – – O 12 R 8 U 4
K - 6 18 15 – – 126 123
L - 1 3 6 4 – – 18 22 88 84 89
M - Y V R O K H – –
N - 1296 432 216 72 36 – –
O - 5 B 8 C 5 A 8 – 5 C – A
P - 2 23 7 21 12 19 – –
Q - A D D G J J M P – – V V
R - – 28 65 126 217 344 513 730
S - – 13 37 109 325 973 2917
T - C 18 EE 17 G 19 – – K 20 MM
U - 3 4 7 5 6 11 7 8 – – 10 19
V - E I L N S W – B G K N –
W - 4 10 22 40 64 94 –
X - H 3 M 6 R 12 W 24 D –
Y - 11 33 17 51 35 – 89
Z - Z. 2. X. 4. 6. V. 8. 10. –. –. 14. 16. 18. 20. R

TEST 3

Trouvez le nombre (de un ou plusieurs chiffres) ou la lettre qu'il faut placer sur les tirets pour poursuivre chacune de ces séries.

A - 12 21 30 39 48 –

B - 115 102 89 76 63 –

C - Y T O J –

D - 13 15 19 25 33 –

E - 8 11 20 23 32 –

F - R2 P6 N10 L14 J18 – –

G - 56 47 39 32 26 –

H - C E H L Q –

I - 1024 256 128 32 16 4 –

J - 18F 21J 24N 27R 30V – –

K - – 7 14 23 34 47 62 79

L - – 5 25 125 625 3125

M - – C F J L O S U X

N - – 28 14 12 6 4 2

O - 6 N 10 P 14 R 18 N 22 P 26 R 30 N 34 P – –

P - 36 15 32 18 28 21 24 –

Q - A I P V A E – –

R - – 7 27 107 427 1707 6827

S - – 7 21 25 75 78 234

T - P 13 W 17 D 21 K 25 R 29 Y 33 – –

U - 2 4 8 6 8 48 10 12 120 14 – –

V - Z B D F H J N P – –

W - – 6 36 246 2024 20330

X - 2 Y 4 U 7 Q 11 M 16 I 22 E – –

Y - 5 6 14 45 184 –

Z - A 3 D G 6 J 9 M P 12 – –

Les tests de cartes à jouer

Pour chaque exercice,
trouvez la valeur et la couleur
de la carte cachée.

Temps imparti : 8 minutes par test.

Dix points pour chaque réponse juste.

LES TESTS DE CARTES À JOUER

Plusieurs cartes sont disposées selon une certaine logique et l'une des cartes est retournée. Le candidat doit retrouver la logique pour déterminer la couleur de la carte qui est cachée.

Comme avec les dominos, il n'est pas nécessaire d'être un as au poker pour résoudre ces exercices, mais une certaine familiarité avec les cartes à jouer ne peut qu'être utile.

Par ailleurs, il vaut mieux cerner les problèmes et considérer la valeur et la couleur des cartes séparément.

Pour les **valeurs** : trois catégories de tests reviennent régulièrement :

Les opérations

En additionnant, soustrayant ou multipliant certaines cartes, on obtient des résultats que l'on retrouve régulièrement (rangées ou colonnes ayant une somme identique, carte représentant la somme de celles qui la précèdent, somme de valeurs qui forment une série simple, etc.).

Les séries

Les valeurs des cartes forment successivement des séries relativement simples telles que des progressions régulières croissantes ou décroissantes, ou avec uniquement les chiffres impairs, ou les chiffres pairs, etc. La disposition des cartes peut rendre ces séries moins évidentes.

Les répartitions

Les cartes sont disposées selon des principes de répétition, de symétrie, de différences...

Pour les **couleurs** (trèfle, carreau, cœur, pique) :
Les couleurs des cartes sont soit regroupées (une couleur par rangée, colonne, etc.), soit, au contraire, il faut avoir un exemple de chaque couleur par groupe donné.

TEST 1

Question 1

Question 2

Question 3

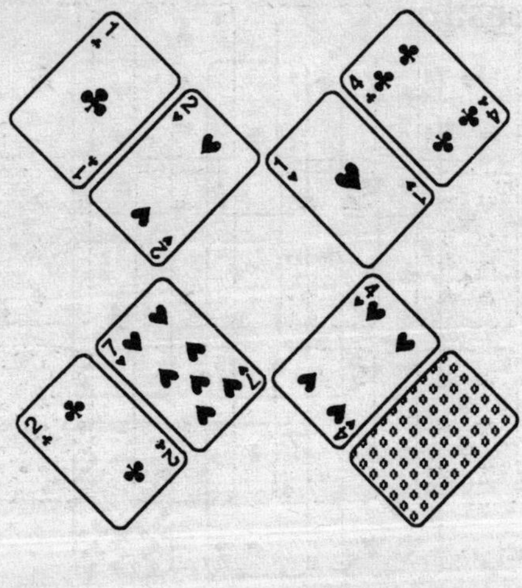

Question 4

Question 5

Question 6

Question 7

Question 8

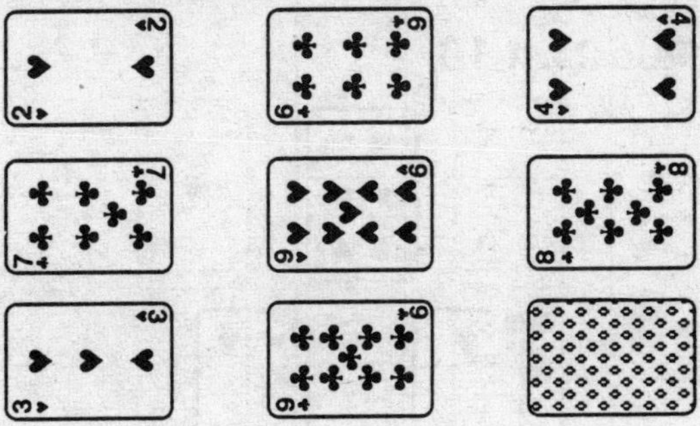

Question 9

Question 10

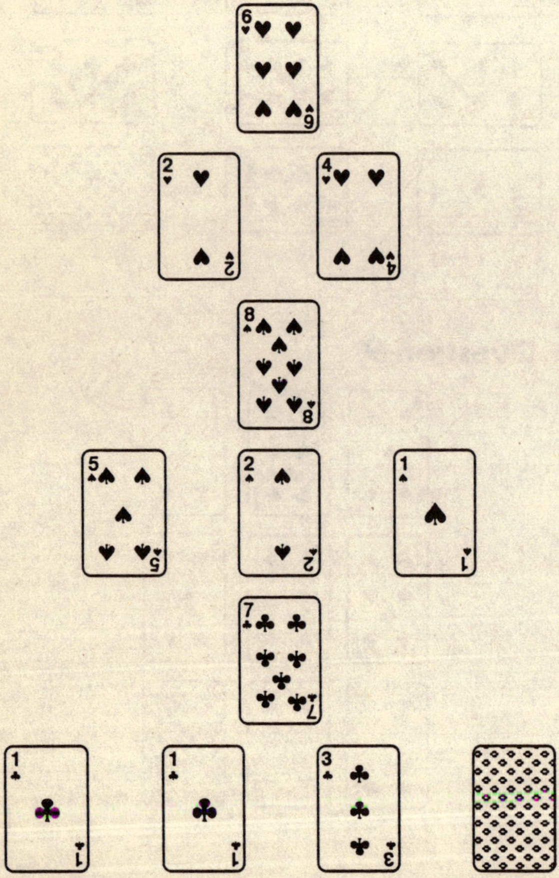

TEST 2

Question 1

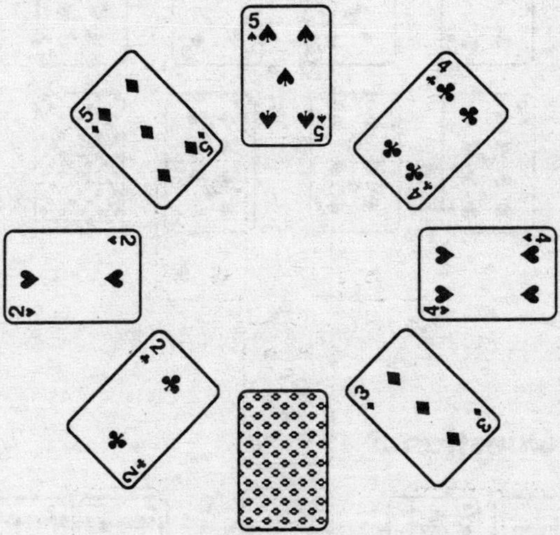

Question 2

Question 3

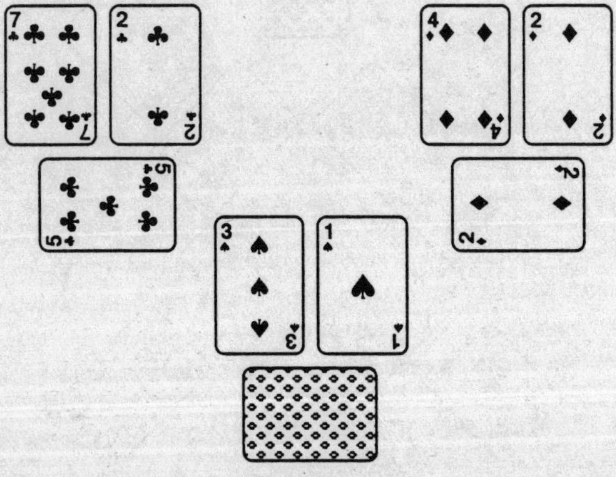

Question 4

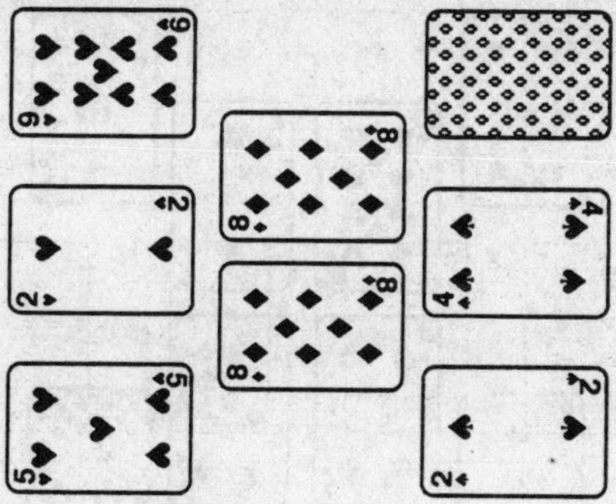

Question 5

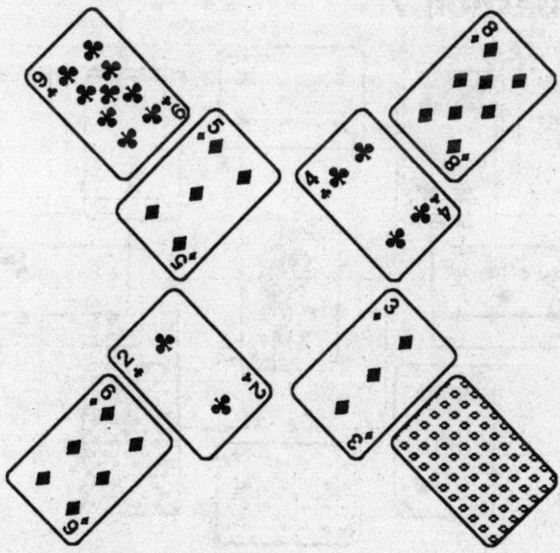

Question 6

Question 7

Question 8

Question 9

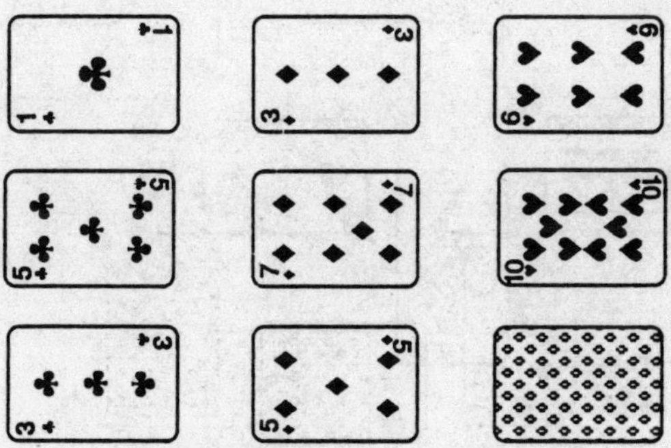

Question 10

TEST 3

Question 1

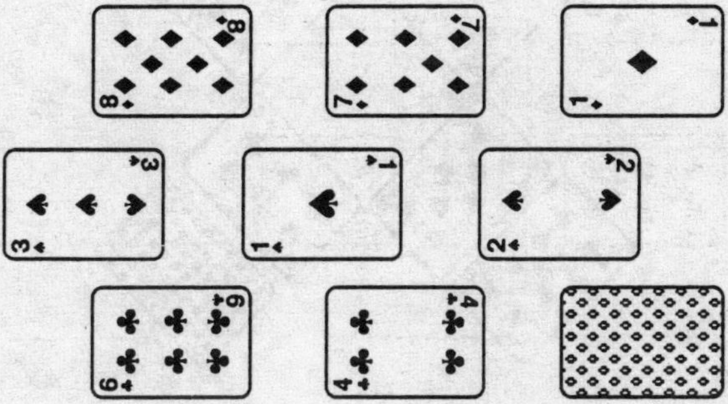

Question 2

Question 3

Question 4

Question 5

Question 6

Question 7

Question 8

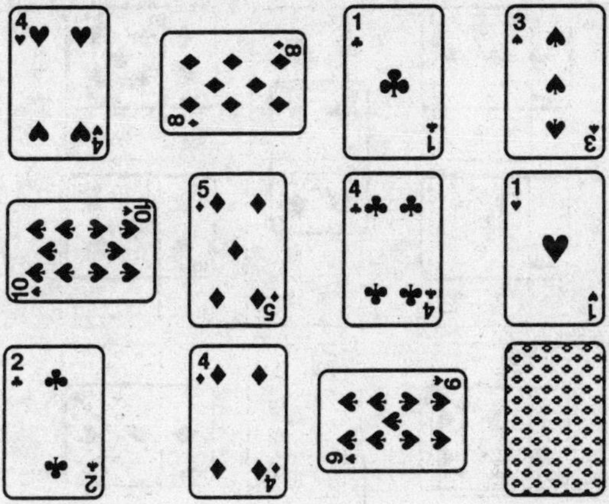

Question 9

Question 10

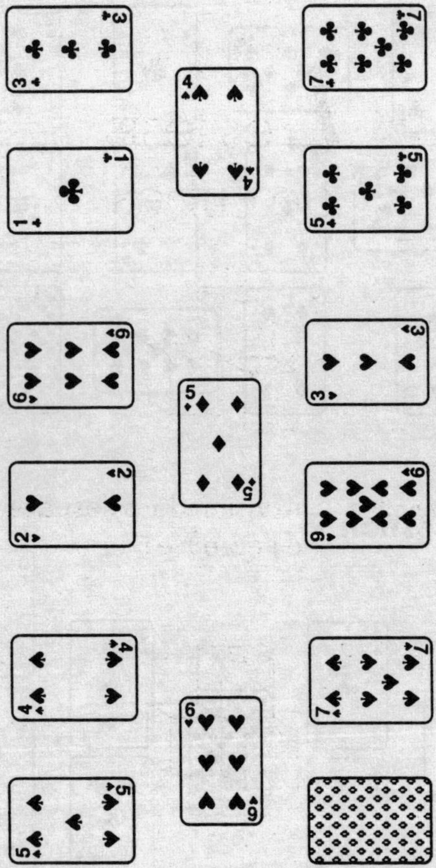

*L*es tests de cubes

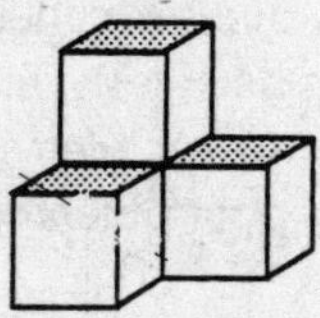

Mettez votre vision dans l'espace à l'épreuve !

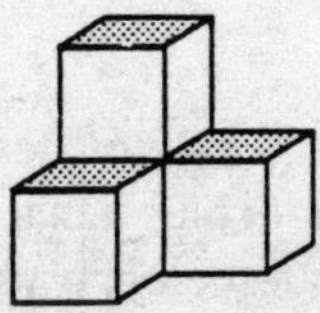

Temps imparti : 15 minutes par test.
Dix points pour chaque réponse juste.

LES TESTS DE CUBES

Nous avons regroupé ici diverses catégories de questions se rapportant plus spécifiquement aux cubes et à la vision dans l'espace. Ce genre de questions revient régulièrement dans les tests de type Q.I. qui sont souvent utilisés par les organismes de recrutement.

Outre le fait que de tels exercices représentent une gymnastique mentale assez particulière, ces tests peuvent être un entraînement utile pour résoudre les épreuves de manipulation tels que les cubes de Kohs ou le bloc de Wiggly. Dans ces deux tests, utilisés périodiquement par les organismes de recrutement, le candidat doit assembler des pièces pour obtenir soit un dessin, soit un volume demandé.

Pour réussir les tests de cubes, il est très utile de pouvoir se représenter les volumes dans l'espace et de pouvoir tourner mentalement un solide sur lui-même. Avec un peu d'entraînement, certaines personnes y parviennent très bien... d'autres pas. Pour ces dernières, il faudra trouver des méthodes de substitution. Voici quelques conseils.

Dans les piles de cubes ou les murs de briques à compléter, il est souvent plus facile de compter les cubes en considérant chaque colonne verticale plutôt que les couches horizontales. De toute façon, pour ne pas se tromper, il faut procéder méthodiquement. Il faut également voir s'il est plus facile de compter les cubes qui sont représentés ou ceux qui manquent.

Avec les cubes décorés dont il faut trouver une face cachée ou les volumes dépliés, on déblaie souvent le terrain de la réflexion en considérant les faces qui sont nécessairement opposées.

Pour comparer les volumes, il est souvent utile de considérer uniquement une face pour faire un tri initial (par exemple, tel volume a une face qui forme un « T » : retrouve-t-on ce « T » ailleurs ?).

TEST 1

Question 1 :

Combien manque-t-il de petits cubes pour compléter le grand cube ?

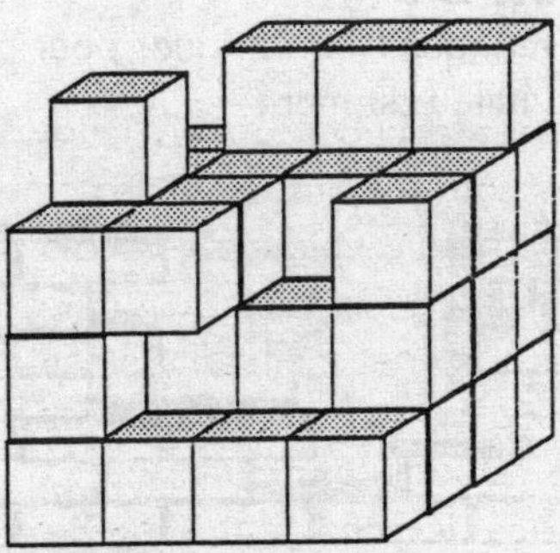

Question 2 :

On peut replier chaque forme pour créer quatre cubes. Combien seront identiques ?

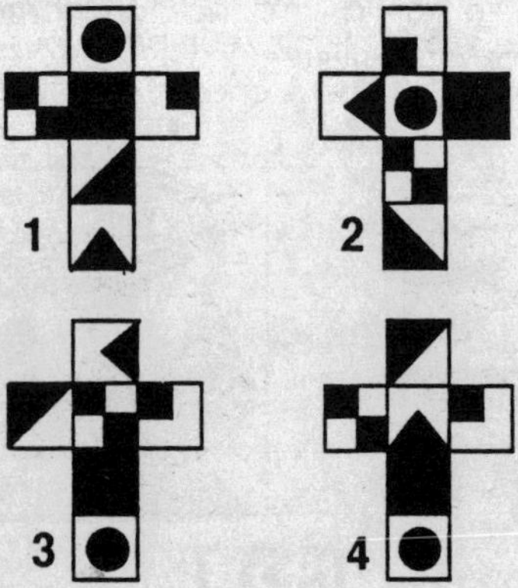

Question 3 :

Combien manque-t-il de briques pour combler le trou au milieu du mur ?

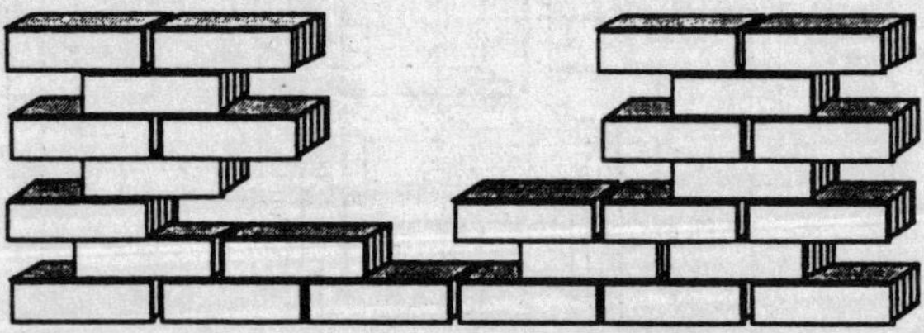

Question 4 :

Vous avez deux sortes de cubes : certains comme A et d'autres comme B. (Les trois faces cachées de chaque cube sont blanches.) Pour recréer le dessin à côté, combien vous faudra-t-il de faces du cube A et combien du cube B ?

Question 5 :

Combien d'assemblages identiques y a-t-il ?

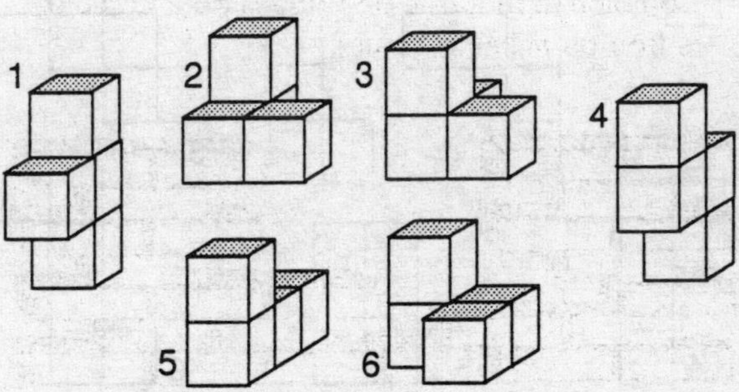

Question 6 :

Ces trois cubes sont identiques : quelle est la décoration de la face inférieure du dernier ?

Question 7 :

Quelles formes ci-dessous peuvent être pliées pour former un cube ?

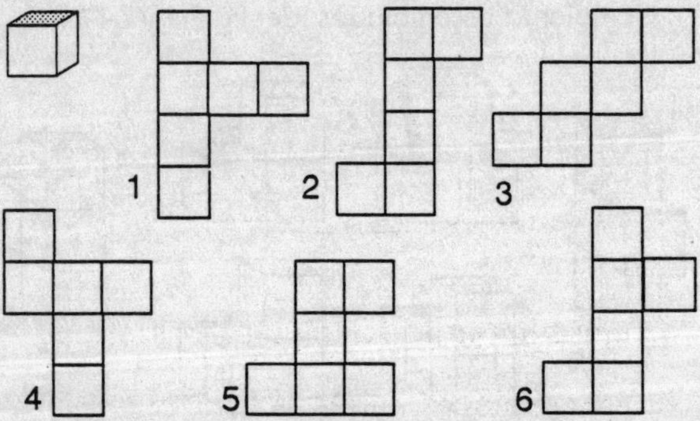

Question 8 :

Quel plan représente la structure vue de dessus ?

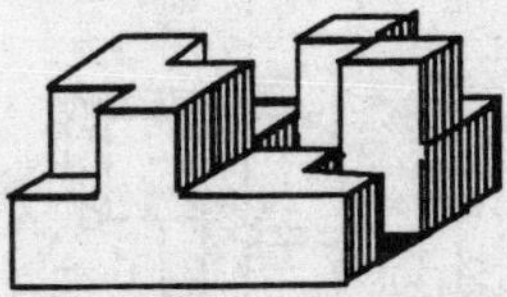

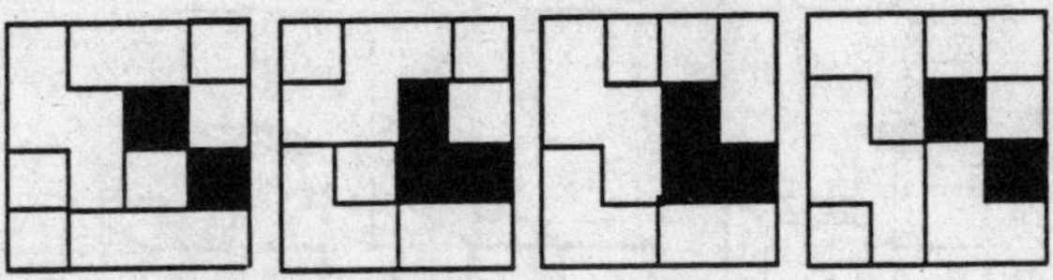

1 2 3 4

Question 9 :

Combien manque-t-il de petits cubes pour compléter le grand ?

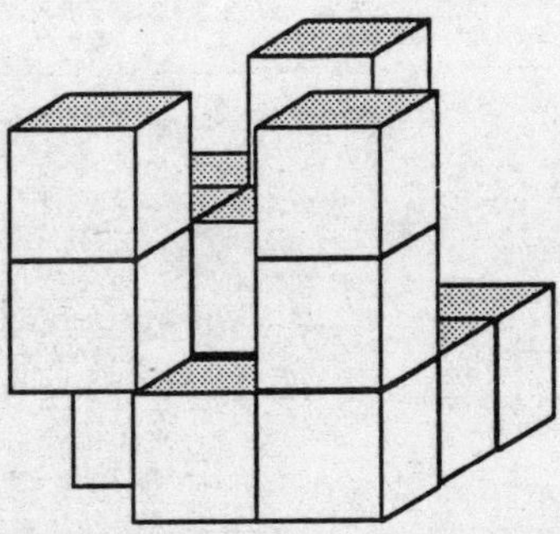

Question 10 :

Combien de cubes pouvez-vous former en assemblant ces groupes de petits cubes deux par deux ?

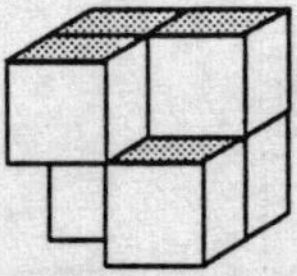

1

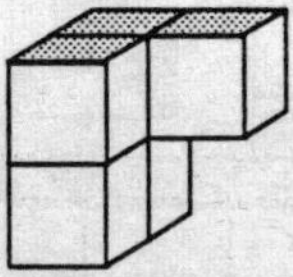

2

3

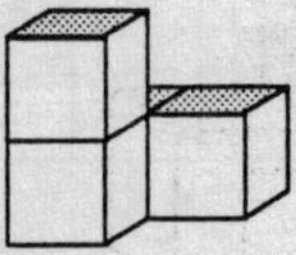

4

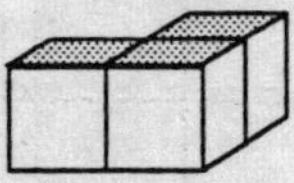

5

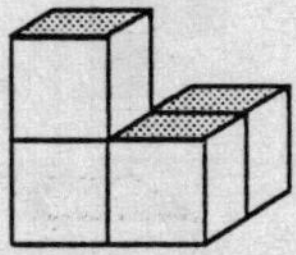

6

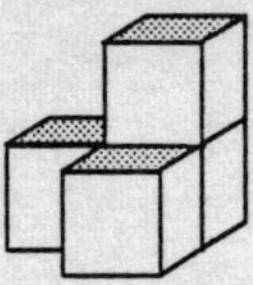

7

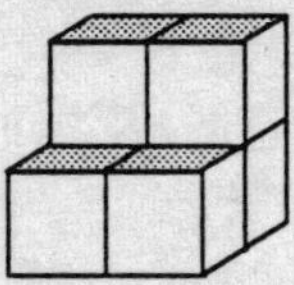

8

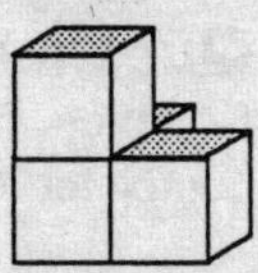

9

TEST 2

Question 1 :

Combien de cubes en touchent au moins quatre autres ?

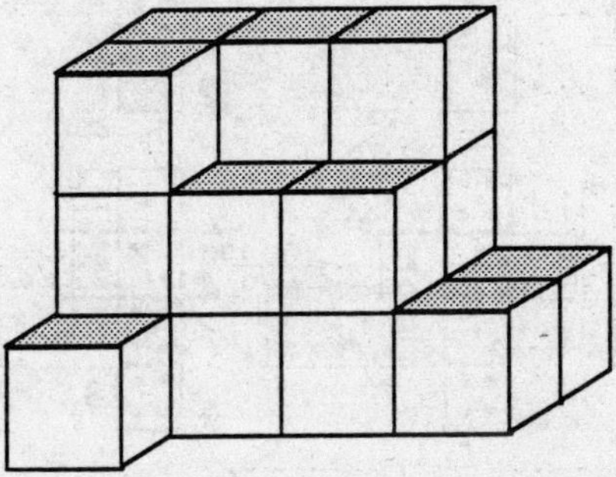

Question 2 :

On peut replier chaque forme pour créer quatre cubes. Combien seront identiques ?

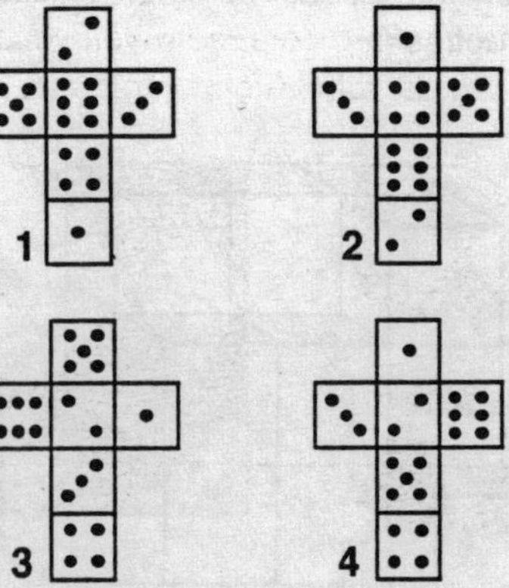

Question 3 :

Quelles briques peut-on retirer sans toucher à celle du sommet et sans menacer l'équilibre de la structure ?

Question 4 :

Vous avez deux sortes de cubes : certains sont comme A et d'autres comme B. (Les trois faces cachées de chaque cube sont blanches.) Pour recréer le dessin à côté, combien vous faudra-t-il de faces du cube A et combien du cube B ?

A 

B 

Question 5 :

Combien d'assemblages identiques y a-t-il ?

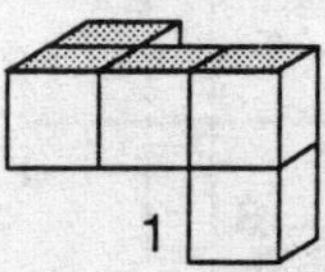
1

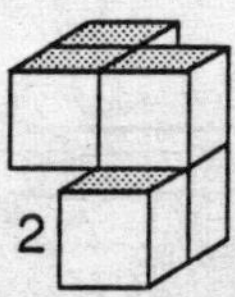
2

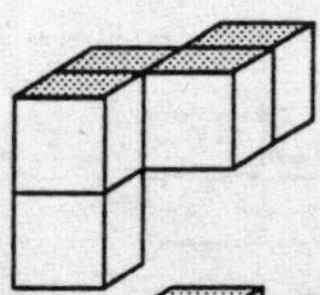
3

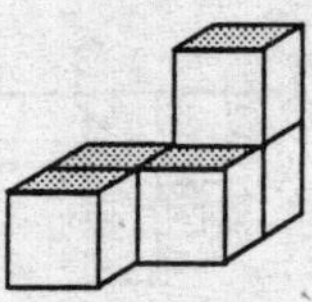
4

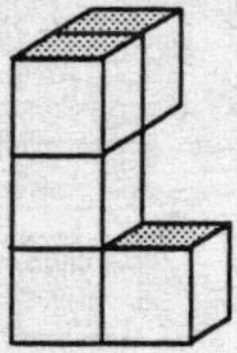
5

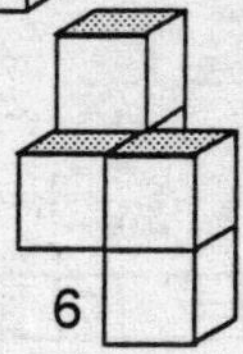
6

Question 6 :

Ces trois cubes sont identiques : quelle est la décoration de la face inférieure du dernier ?

Question 7 :

Quelles formes ci-dessous peuvent être pliées pour former un parallélépipède ?

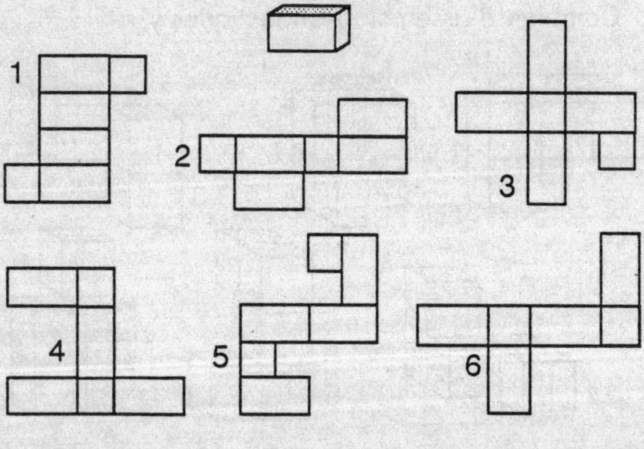

Question 8 :

Quelle forme numérotée représente la structure ★ vue de dessus ?

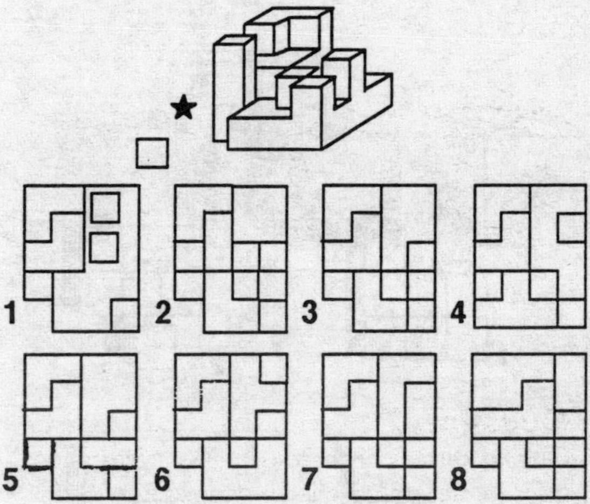

Question 9 :

Combien y a-t-il de briques ci-dessous ?

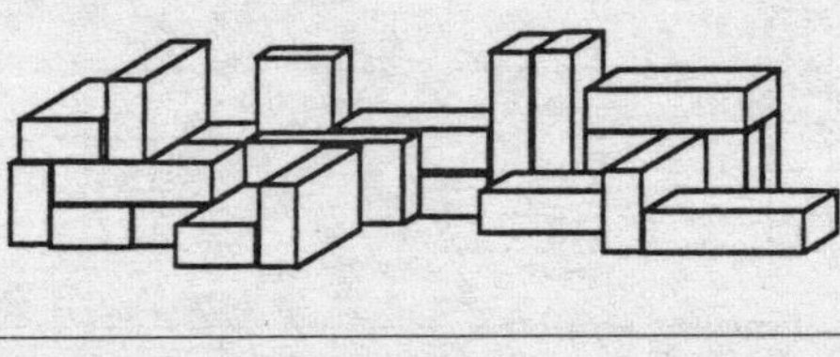

Question 10 :

On a déplacé un seul cube de l'assemblage ★. Après ce déplacement, ressemble-t-il à 1, 2, 3 ou 4 ?

★

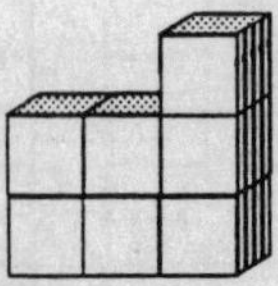

1

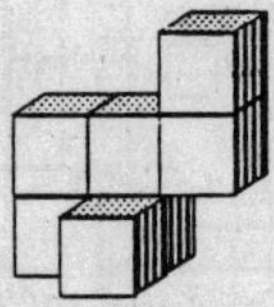

2

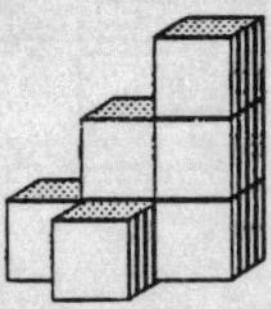

3

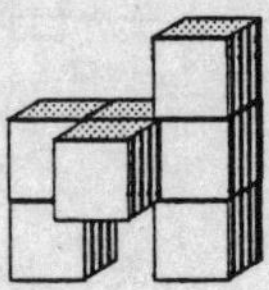

4

TEST 3

Question 1 :

Y a-t-il assez de petits cubes clairs pour compléter le grand cube ?

Question 2 :

On peut replier chaque forme pour créer quatre cubes. Combien seront identiques ? (Tenez compte de l'orientation des lettres.)

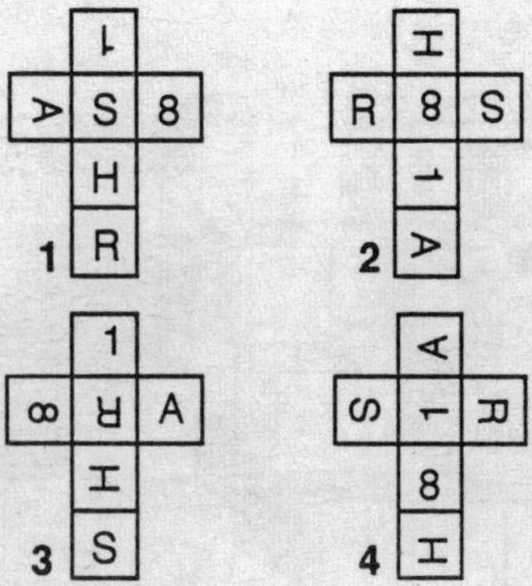

Question 3 :

Combien manque-t-il de briques pour compléter ce mur à la disposition un peu particulière ?

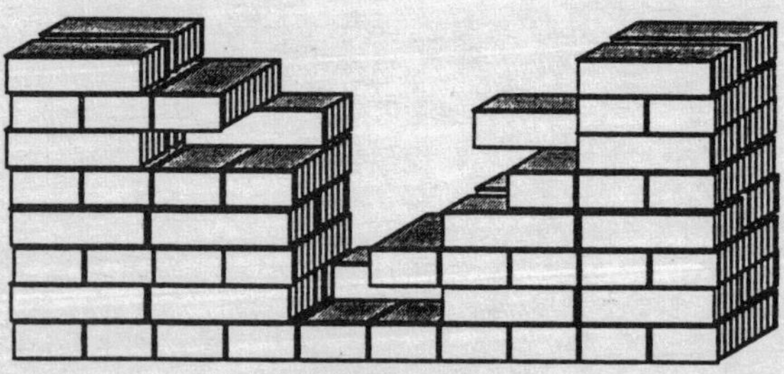

Question 4 :

Vous avez deux sortes de cubes : certains comme A et d'autres comme B. (Les trois faces cachées de chaque cube sont blanches.) Pour recréer le dessin à côté, combien vous faudra-t-il de faces du cube A et combien du cube B ?

A

B

Question 5 :

Combien y a-t-il d'assemblages identiques ?

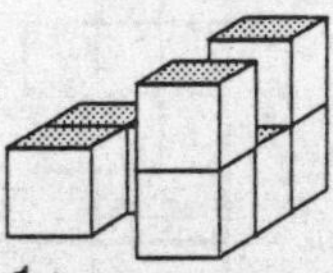
1

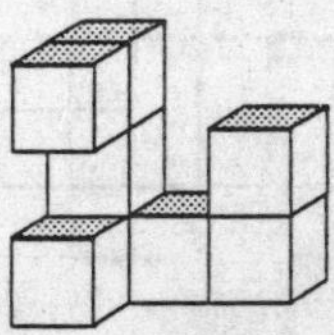
2

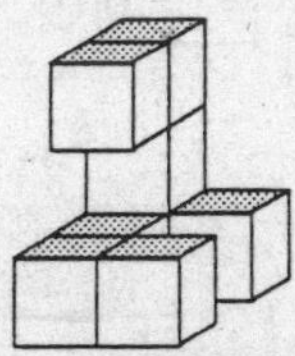
3

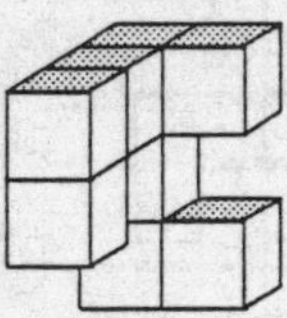
4

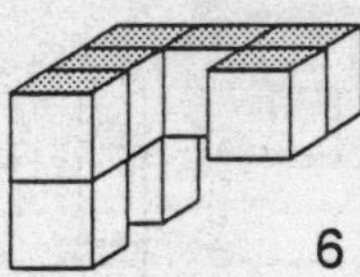
5

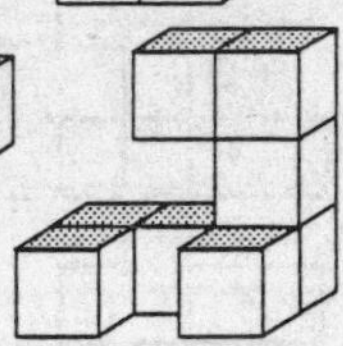
6

Question 6 :

Ces trois dés sont identiques : combien y a-t-il de points sur la face inférieure du dernier ?

Question 7 :

On peut obtenir le volume ★ en pliant certaines des formes numérotées : lesquelles ?

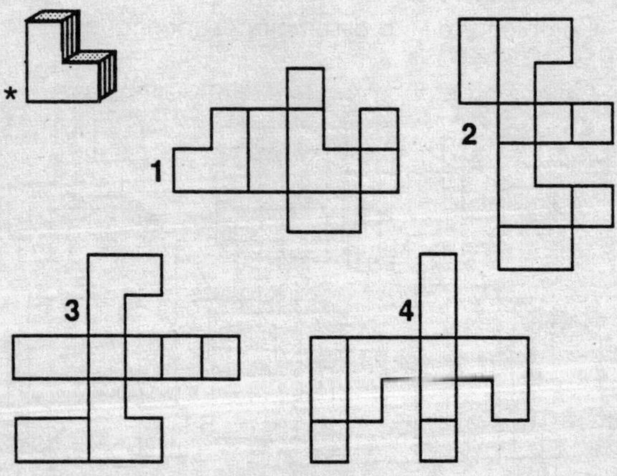

Question 8 :

Il y a deux sortes de pièces, des cubes noirs qui viennent l'un sur l'autre, et des cubes blancs, ainsi qu'il est montré ci-dessous.
Le schéma ★ représente un assemblage de ces pièces vu de dessus. Les schémas numérotés montrent le même assemblage, vu de chaque côté. Donnez, pour chaque schéma numéroté, le point de vue auquel ils correspondent.

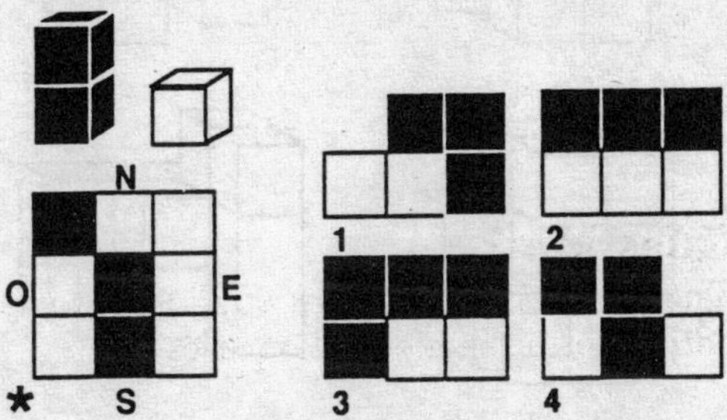

Question 9 :

Combien de cubes en touchent au moins 4 autres ?

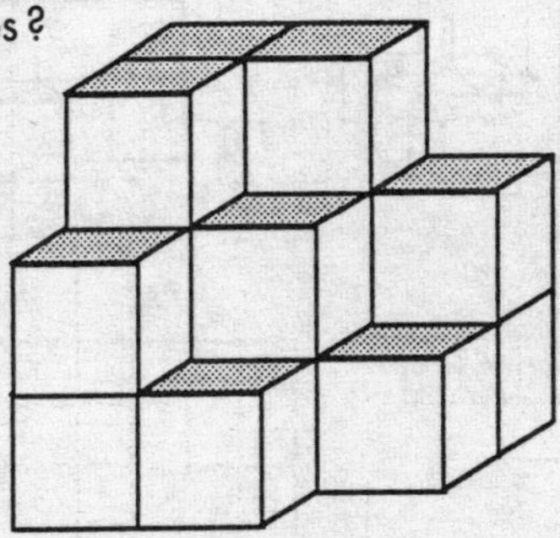

Question 10 :

Combien de gros cubes de 27 petits cubes pouvez-vous former avec ces assemblages ?

1

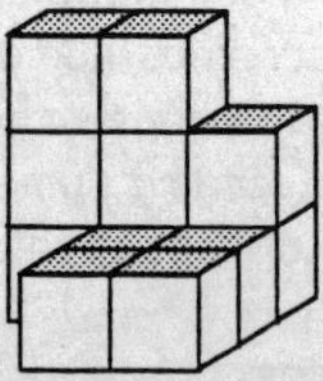

2

3

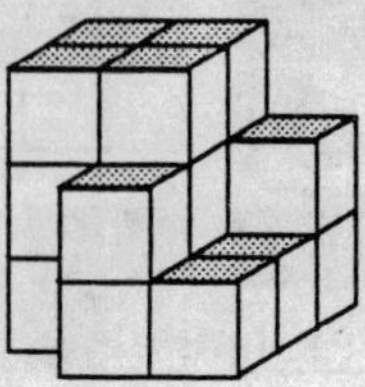

4

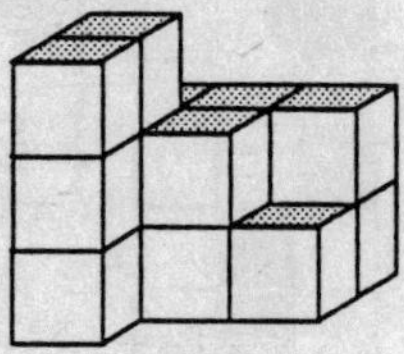

5

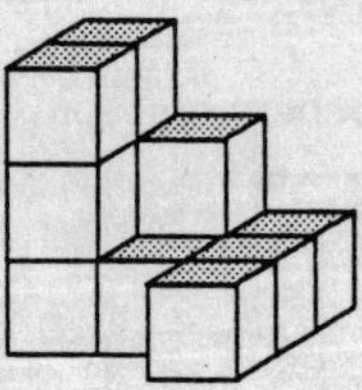

6

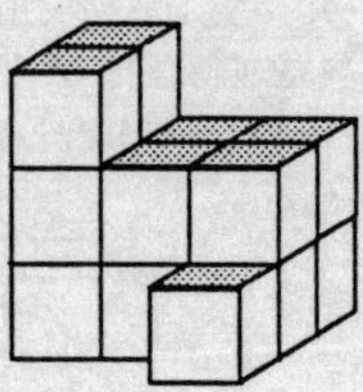

Les tests visuels de logique

Temps imparti : illimité.

Dix points pour chaque réponse juste.

LES TESTS VISUELS DE LOGIQUE

Voici une autre catégorie de tests logiques que l'on retrouve régulièrement dans les épreuves de type Q.I. Ce sont tous des tests de logique avec un support visuel important. Pour les résoudre, vous avez droit à un crayon, et il n'est pas interdit de prendre des notes sur un papier à part.

Nous avons volontairement exclu toute limitation de temps, car il est parfois nécessaire de faire preuve d'acharnement et de poursuivre un raisonnement jusqu'à son aboutissement, plutôt que de faire preuve d'une rapidité parfois superficielle.

Les exercices font appel à des démarches de raisonnement assez variées et il est bon de les aborder tous successivement. Les trois tests reprennent des exercices analogues, vous permettant ainsi d'affûter votre stratégie pour les résoudre.

TEST 1

Question 1 :

Quels lots de fruits faut-il prendre pour en avoir trois de chaque sorte ?

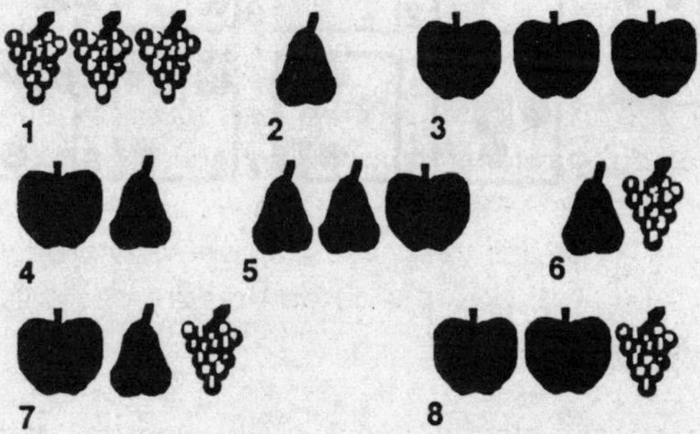

Question 2 :

A est à B, ce que C est à 1, 2, 3, 4, 5 ou 6 ?

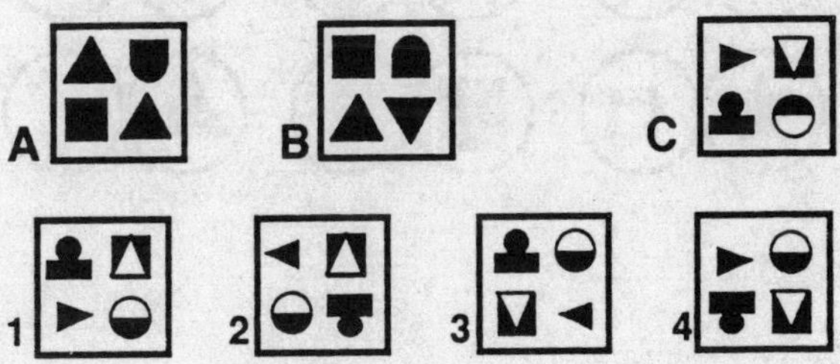

Question 3 :

Trouvez les trois carrés numérotés qu'il faut superposer pour obtenir le carré ★.

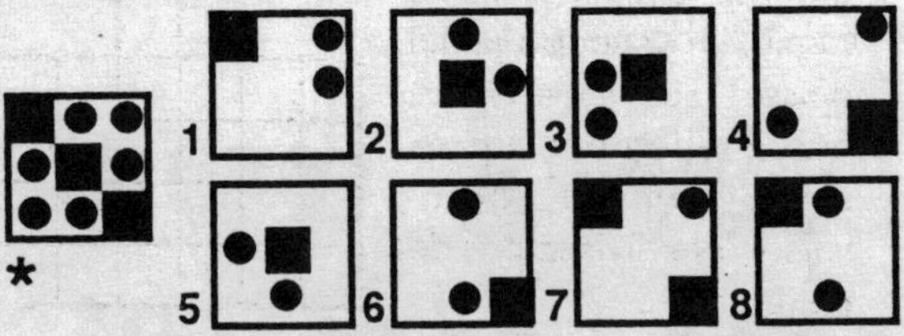

Question 4 :

Quel nombre complète logiquement la dernière paire de cercles ?

Question 5 :

Divisez la figure ci-dessous en six formes de même surface, et de même forme (nous considérons comme même forme, un découpage qui puisse se superposer, éventuellement après retournement recto-verso). Ne divisez pas de petits carrés.

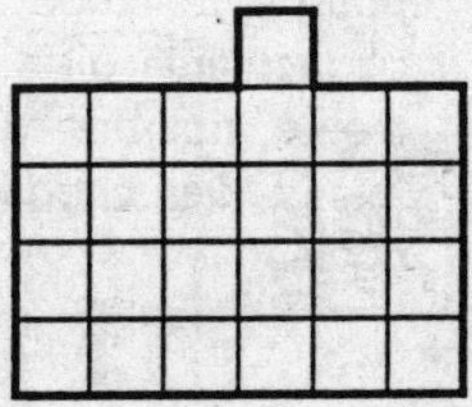

Question 6 :

Quels signes faut-il encercler en C ?

A B C

Question 7 :

Les mêmes formes pèsent le même poids : combien de triangles faut-il pour équilibrer la balance * ?

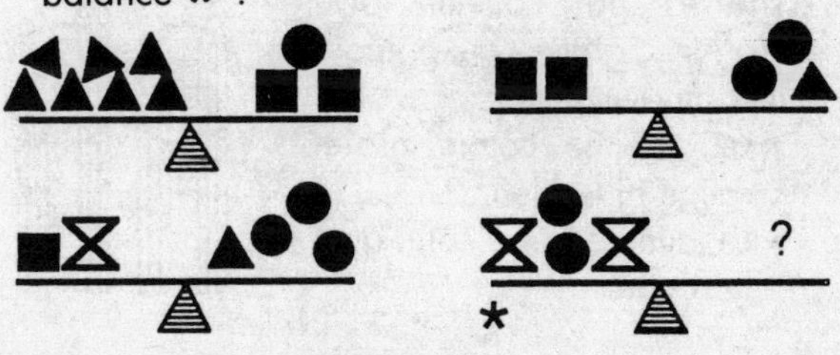

Question 8 :

Permutez la position de deux jetons, pour que chaque alignement ait le même nombre de jetons de chaque couleur.

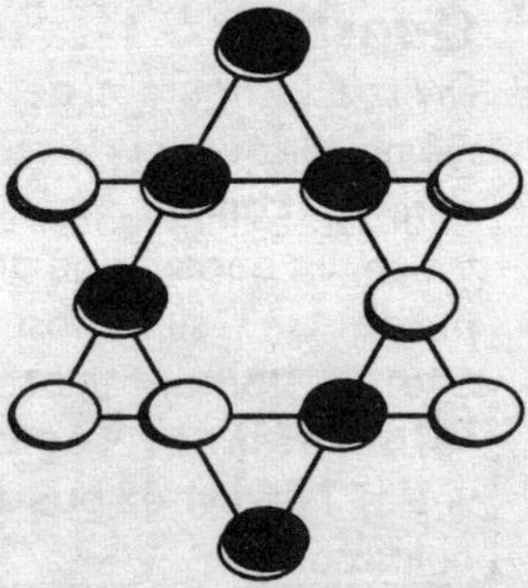

Question 9 :

Quelle figure numérotée complète l'ensemble au-dessus ?

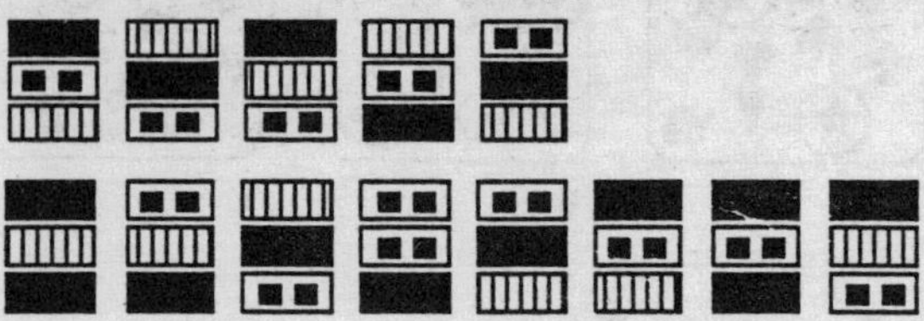

1 2 3 4 5 6 7 8

Question 10 :

Trouvez la couleur des crayons grâce aux informations suivantes :

- Le vert ne côtoie ni le rouge ni le bleu ;
- Le jaune est plus court que le rouge.

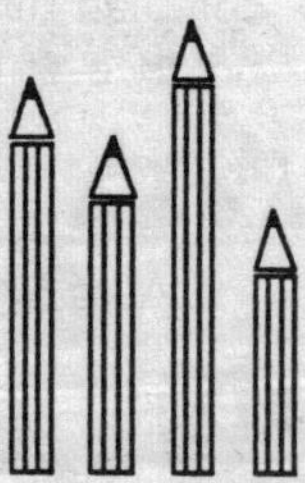

TEST 2

Question 1 :

Choisissez deux cases qui totalisent ensemble autant de ronds que de carrés.

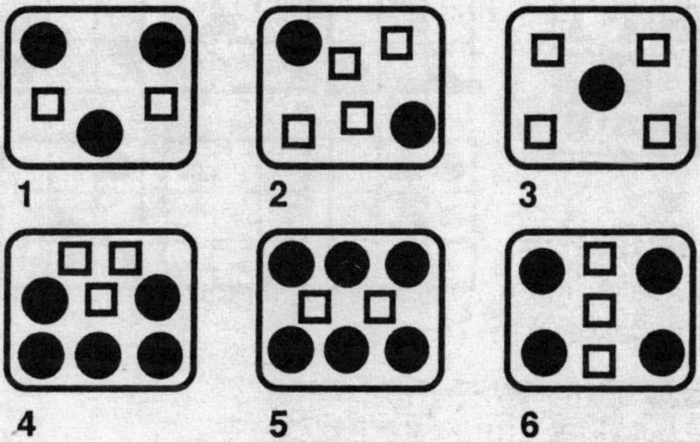

Question 2 :

A est à B ce que C est à 1, 2, 3 ou 4 ?

Question 3 :

Trouvez les trois carrés numérotés qu'il faut superposer pour obtenir le carré ★.

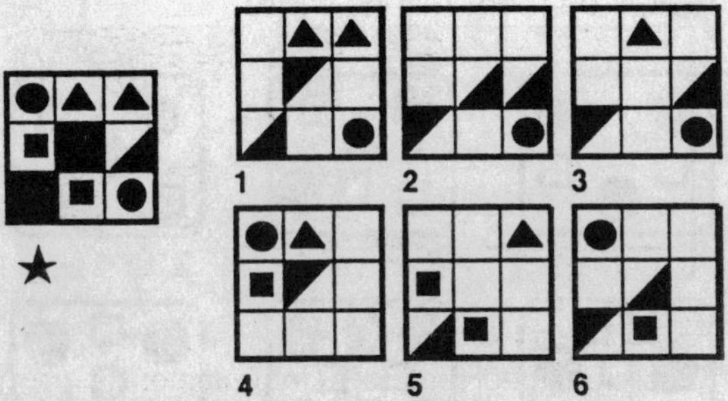

Question 4 :

Quel nombre complète logiquement la dernière paire de cercles ?

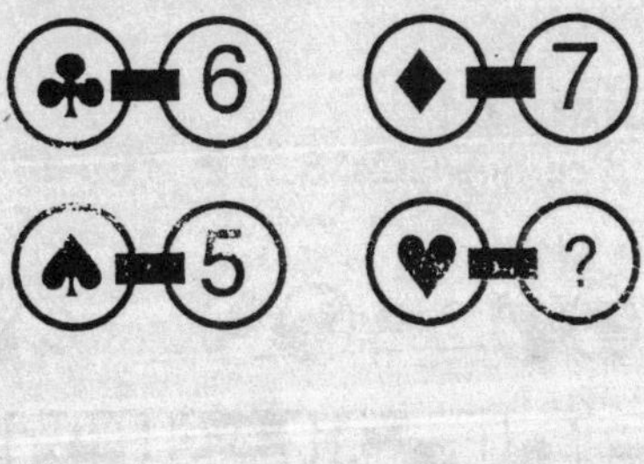

Question 5 :

On peut créer la forme * en assemblant six des sept fragments numérotés. Lequel ne peut servir ?

Question 6 :

Quel signe peut remplacer logiquement le « ? »

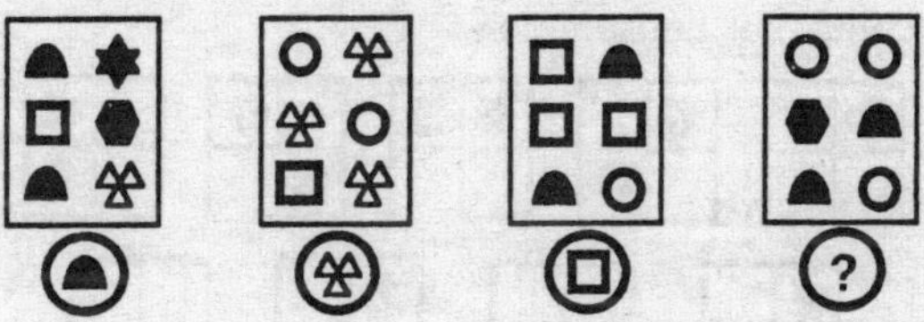

Question 7 :

Les paquets de même couleur pèsent le même poids : lequel est le plus lourd ?

Question 8 :

Certains de ces schémas représentent des circuits semblables : lesquels ?

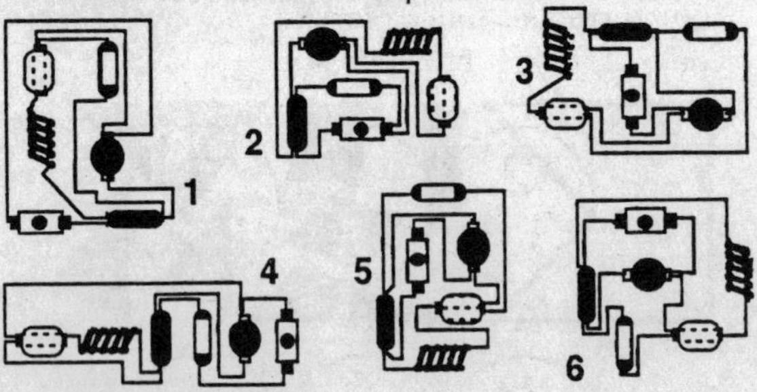

Question 9 :

Combien manque-t-il de dessins pour compléter l'ensemble ?

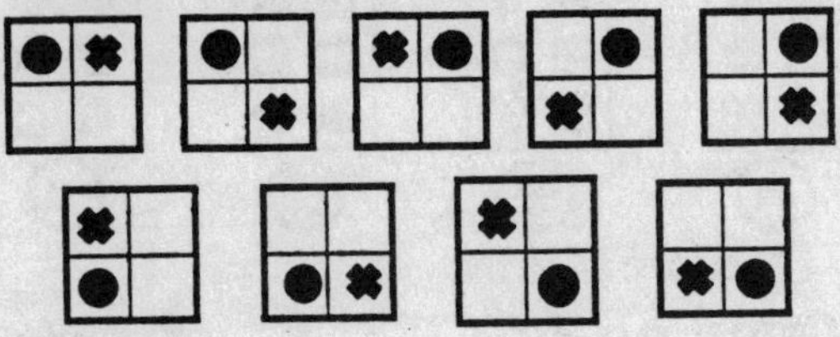

Question 10 :

Marquis est plus vers l'avant que Reine. Souverain est plus vers l'arrière que Dauphin. Reine est plus vers l'arrière que Souverain, mais ne le suit pas directement. Donnez son nom à chacun !

TEST 3

Question 1 :
Quels disques faut-il prendre pour avoir deux 2, trois 3 et quatre 4 ?

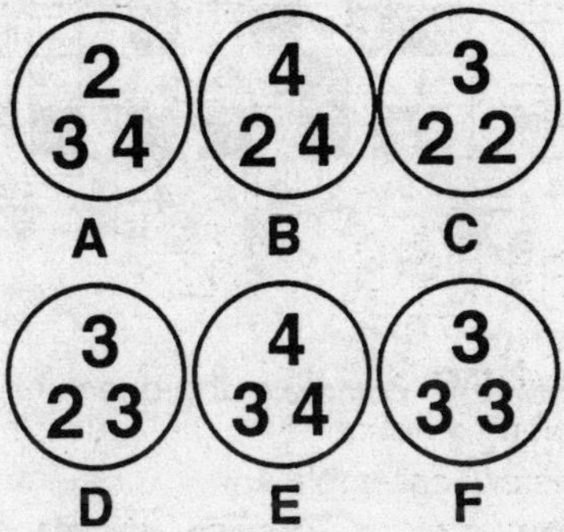

Question 2 :
A est à B ce que C est à 1, 2, 3, 4, 5 ou 6 ?

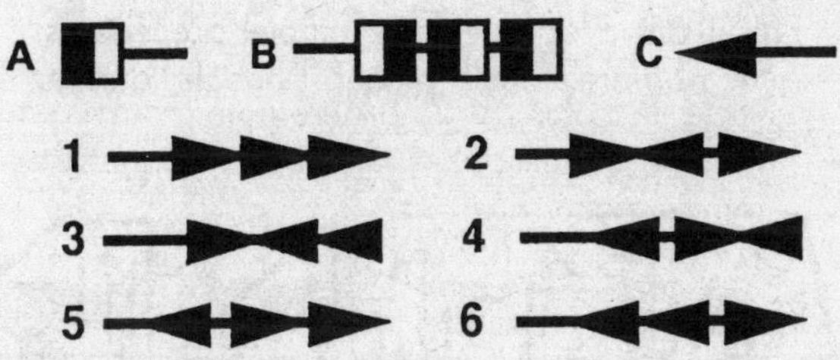

Question 3 :

En superposant trois plaquettes on peut former une lettre. Quelles plaquettes ? Quelle lettre ?

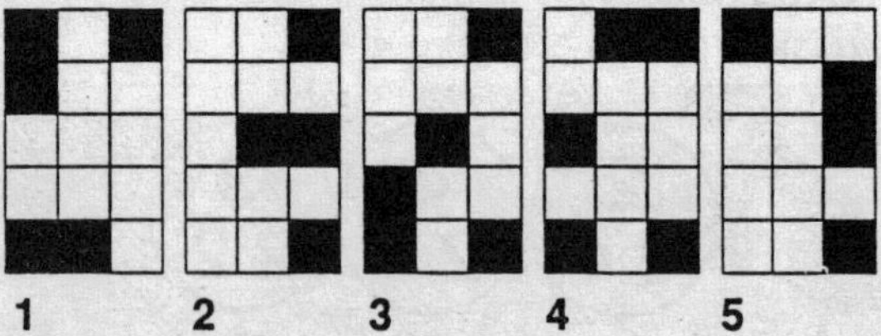

Question 4 :

Quel nombre complète logiquement la dernière figure ?

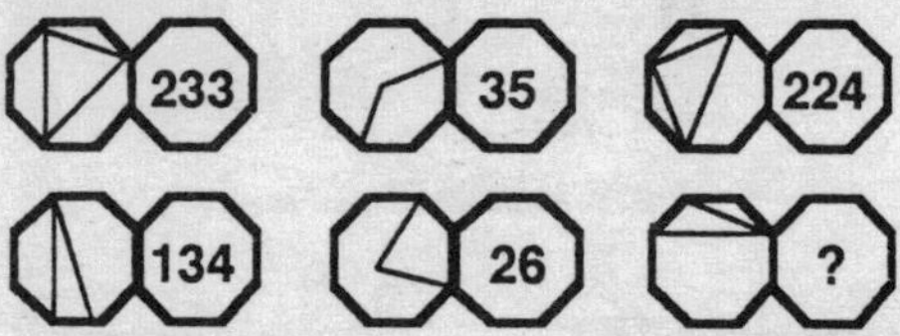

Question 5 :

En suivant la logique des exemples précédents, quel nombre faut-il placer dans le dernier cercle ?

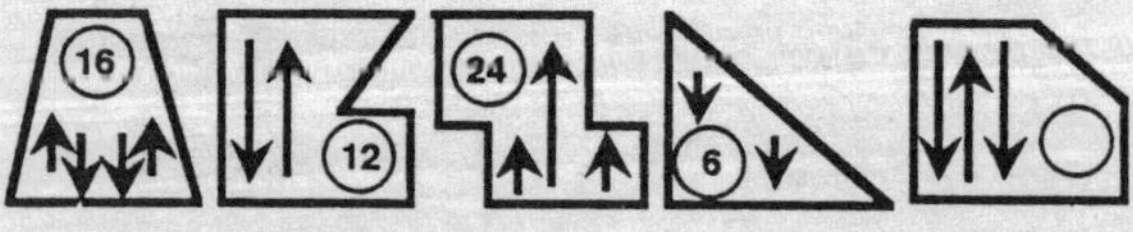

Question 6 :

Quelles formes numérotées peut-on superposer exactement à la forme * (elles ne la recouvriront pas entièrement, mais elles ne doivent pas dépasser) ?

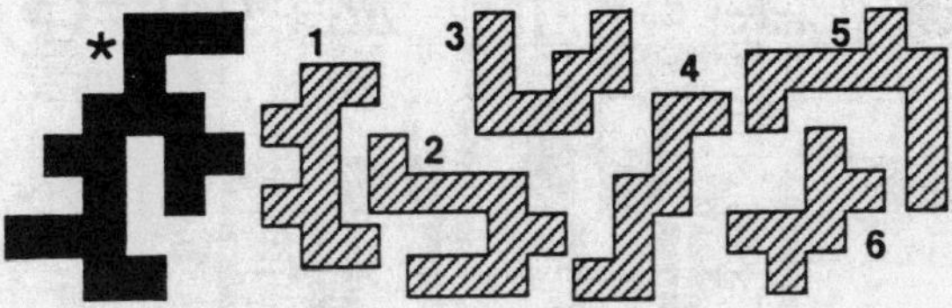

Question 7 :

Déterminez le poids de chaque flacon.

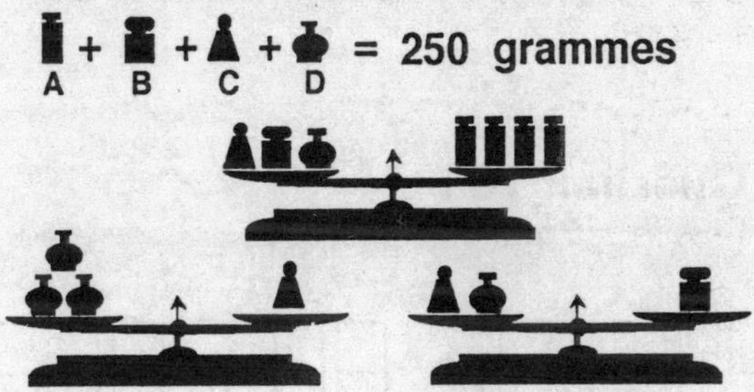

Question 8 :

Dans les cartes ci-contre, la Dame est à côté du 10, sous le Valet et sur le Roi. Quel est l'As s'il ne touche pas la Dame ?

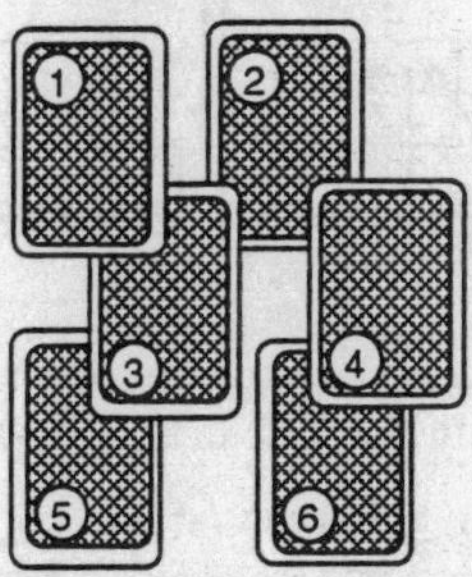

Question 9 :

Suivez la logique des deux premières égalités pour trouver la solution de la troisième.

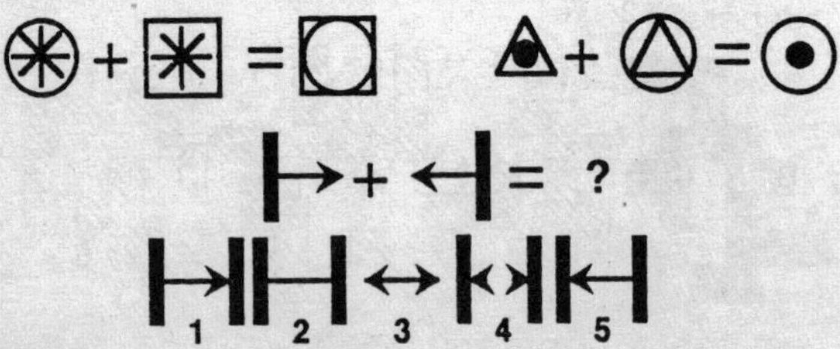

Question 10 :

Dessinez la forme qui manque !

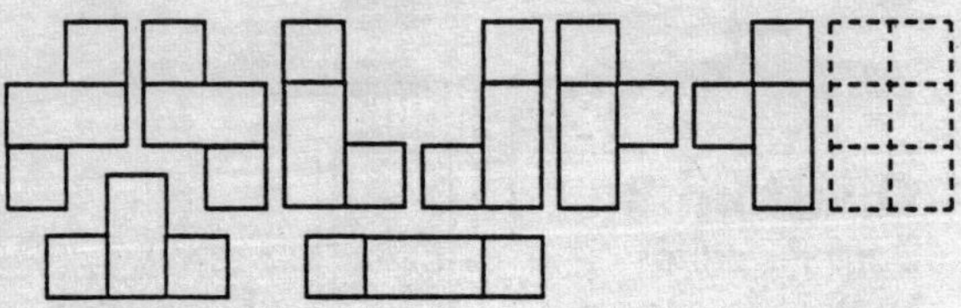

Les tests d'observation

Mettez votre attention visuelle
à l'épreuve !

Temps imparti : 10 minutes par test.

Dix points pour chaque réponse juste.

LES TESTS D'OBSERVATION

Les tests comportent un certain nombre de questions qui font jouer surtout le sens de l'observation. Le candidat doit relever des différences, des similitudes, former des paires identiques, etc. Pour répondre correctement à ces questions, il est nécessaire d'observer avec soin, mais il faut surtout de la méthode et de la rigueur.

Apprenez à regarder systématiquement, selon des critères simples. Chaque exercice demande une approche légèrement différente, mais quelques règles s'appliquent très régulièrement.

Pour certains tests, l'usage d'un crayon est autorisé, pour d'autres pas. Si vous avez droit au crayon, utilisez-le pour vous guider dans vos réflexions : barrez les éléments à éliminer, encerclez les détails qui vous semblent importants, placez éventuellement des nombres pour indiquer une progression ou pour différencier des éléments trop semblables. Pour comparer l'étendue de différentes surfaces, divisez les régions données en unités comparables (petits carrés, triangles, etc.).

Quand le crayon n'est pas permis, il faut être encore plus systématique dans sa démarche. Un premier coup d'œil permet d'apprécier la situation générale et de s'assurer qu'il n'y a pas une solution évidente. Ensuite, il faut procéder avec rigueur, généralement en prenant les figures les unes après les autres de gauche à droite, ou selon un ordre numérique, alphabétique, etc. Pour les exercices où une masse d'informations flotte sans cadre précis, il faut essayer de se fabriquer des repères, et s'y tenir, pour éviter de considérer certains éléments plusieurs fois de suite.

TEST 1

Question 1 :

On retrouve dans la figure du dessous presque le même nombre de types de drapeaux que dans la figure du dessus. Quels drapeaux trouve-t-on en plus ou en moins ?

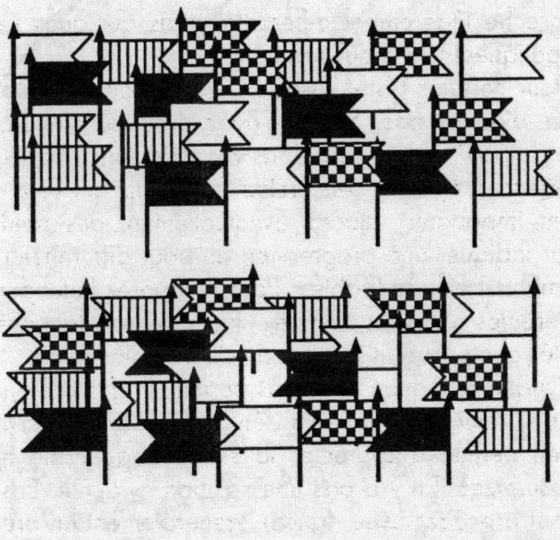

Question 2 :

Combien de formes sont identiques ?

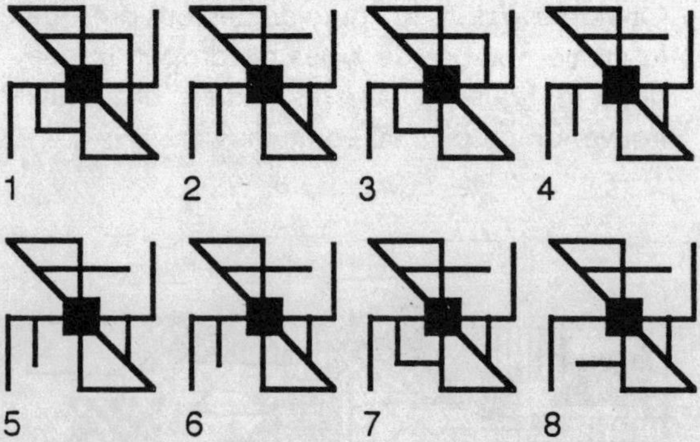

Question 3 :

Quel chiffre apparaît le plus souvent ? Lequel le moins souvent ?

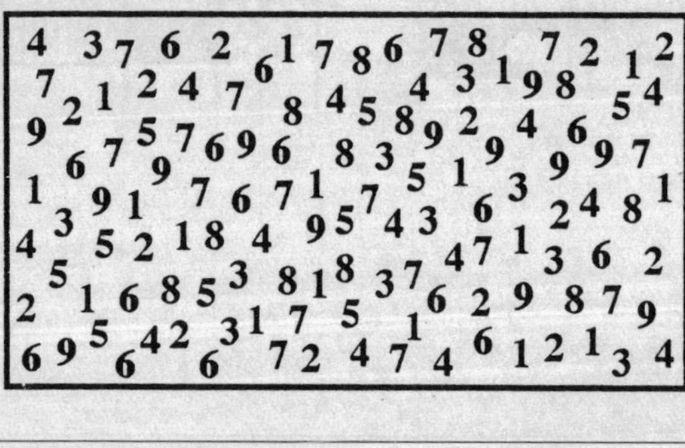

Question 4 :

Combien de dessins numérotés contiennent la forme * ? (Elle n'est pas toujours dans le même sens).

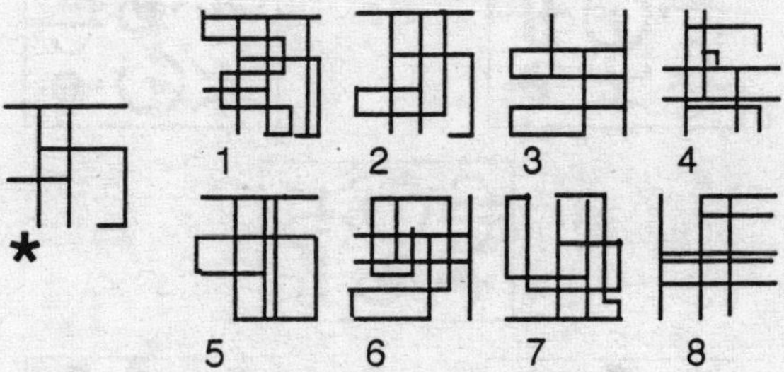

Question 5 :

Ces figures viennent par paires identiques, sauf une : laquelle ?

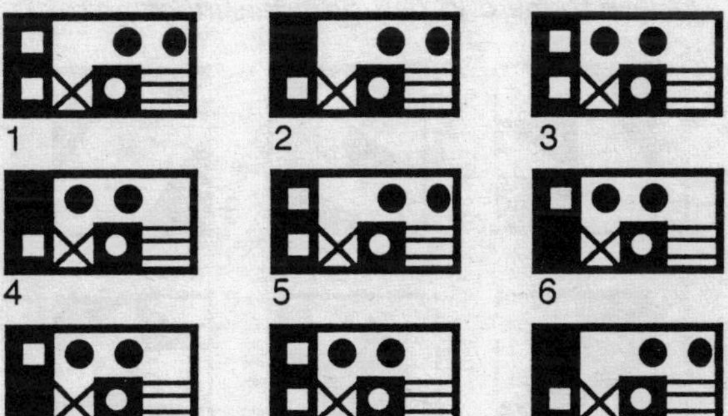

Question 6 :

Combien de cases contiennent exactement les mêmes signes ?

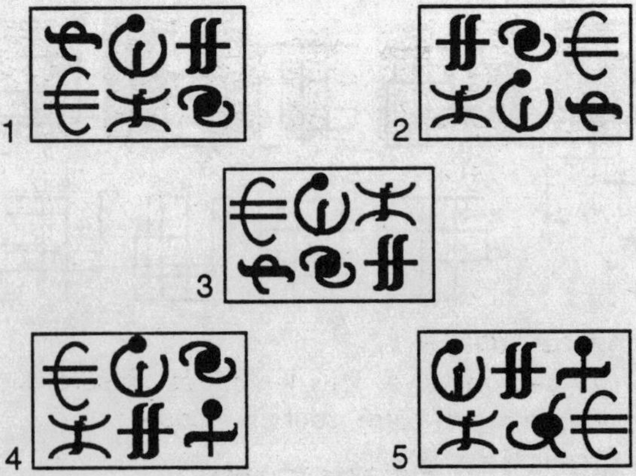

Question 7 :

Quelle forme a la plus grande surface noire ?

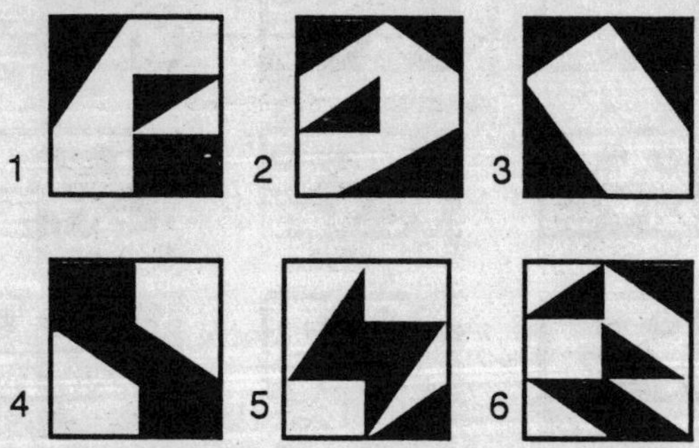

Question 8 :

On peut former trois carrés avec six de ces pièces : laquelle n'est pas utilisée ?

1 2 3 4 5 6 7

Question 9 :

On peut retrouver tous les carrés numérotés dans le grand carré, sauf un : lequel ?

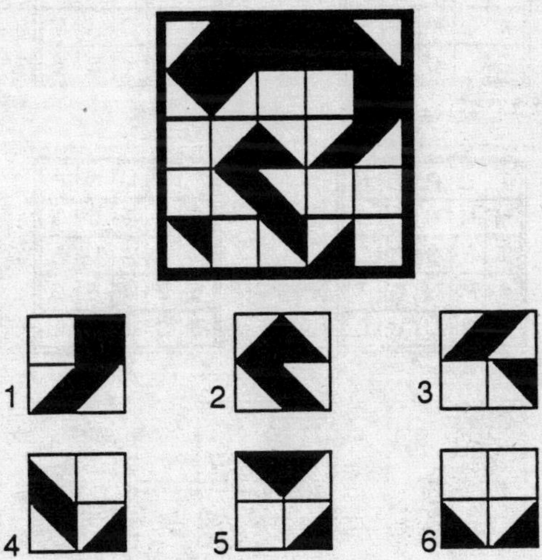

Question 10 :

En appliquant le cache sur l'une des grilles, on peut lire dans les fenêtres le nom d'une ville. Quelle grille, quelle ville ?

M	A	M	P	E
D	M	R	C	R
U	O	S	S	Y
A	O	M	T	S
E	L	U	M	E

1

S	T	I	O	S
T	E	R	T	U
L	V	A	O	E
N	U	C	A	M
P	T	Y	S	E

2

T	S	R	I	N
M	N	U	L	S
T	E	S	E	O
A	M	N	G	T
P	R	U	U	S

3

T	A	M	N	F
L	A	T	C	G
O	H	A	U	S
E	L	J	E	R
B	S	I	A	E

4

<u>TEST 2</u>

Question 1 :

Quels symboles apparaissent dans un cercle et pas dans l'autre ?

Question 2 :

Combien y a-t-il de figures numérotées identiques à la figure ★ ?

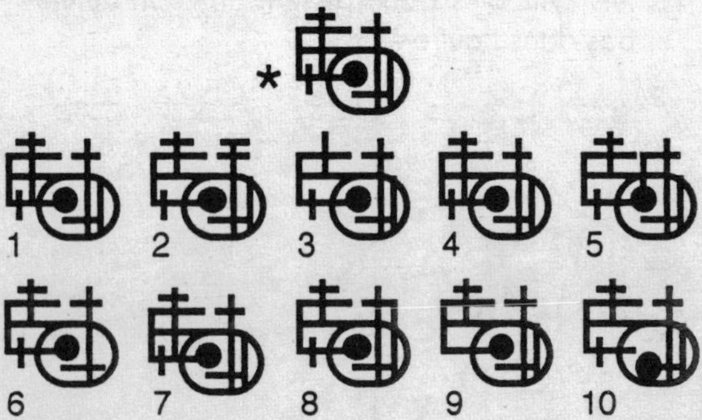

Question 3 :

Quel dessin apparaît le plus souvent ? Lequel le moins souvent ?

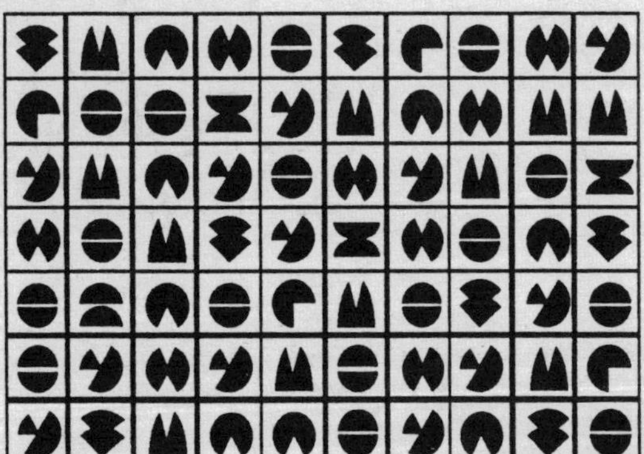

Question 4 :

Plusieurs de ces dessins sont identiques : combien ?

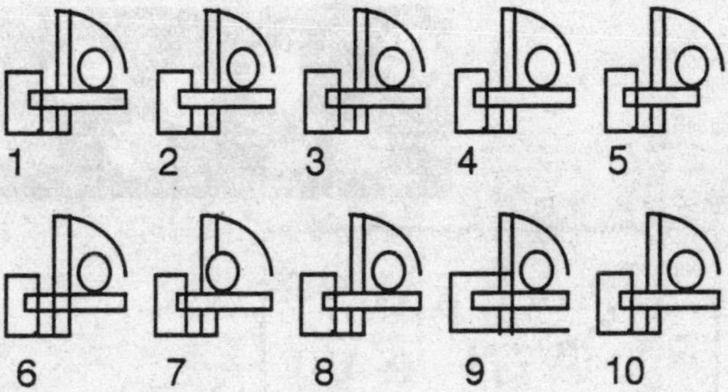

Question 5 :

Chacun des dessins numérotés peut se retrouver dans une des grilles au-dessous. Regroupez les paires.

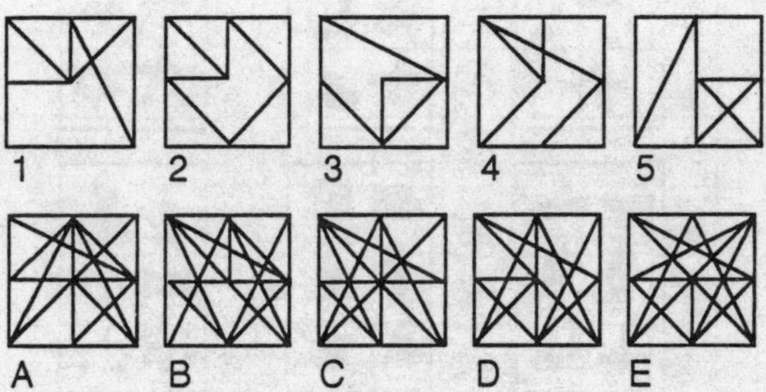

Question 6 :

Quel mot peut-on lire une fois le cache appliqué ?

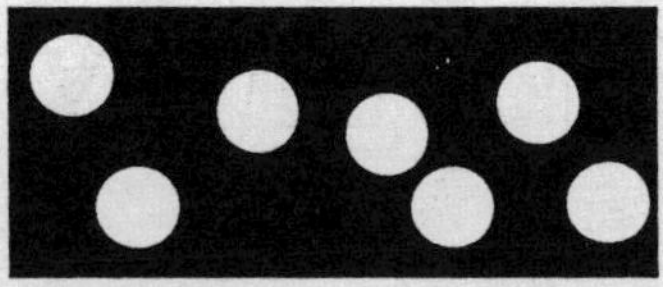

Question 7 :

Combien de cases contiennent 2 signes qui n'apparaissent dans aucune autre ?

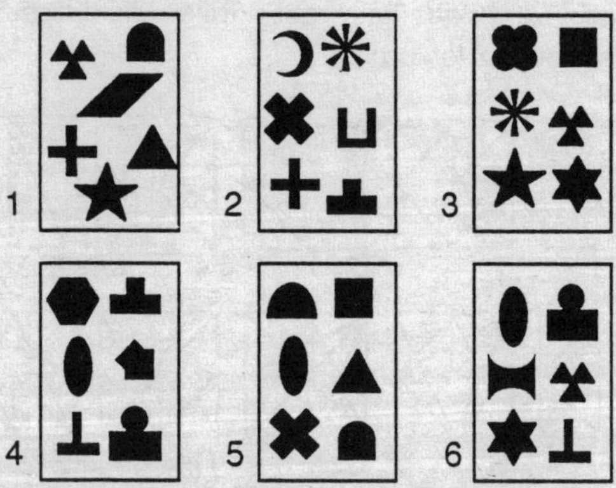

Question 8 :

Dans quel ordre faut-il placer les morceaux pour qu'ils s'emboîtent et forment une longue bande ?

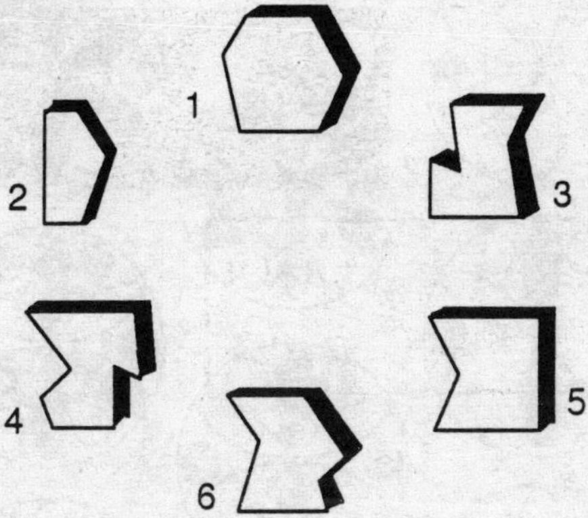

Question 9 :

Quelle forme numérotée a la plus grande surface noire ?

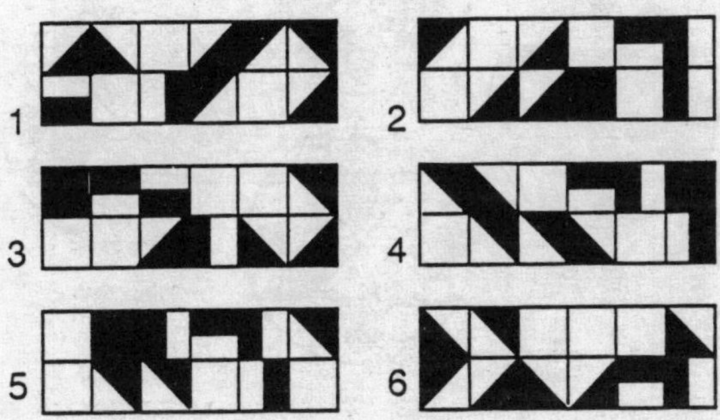

Question 10 :

Classez du plus simple au plus achevé.

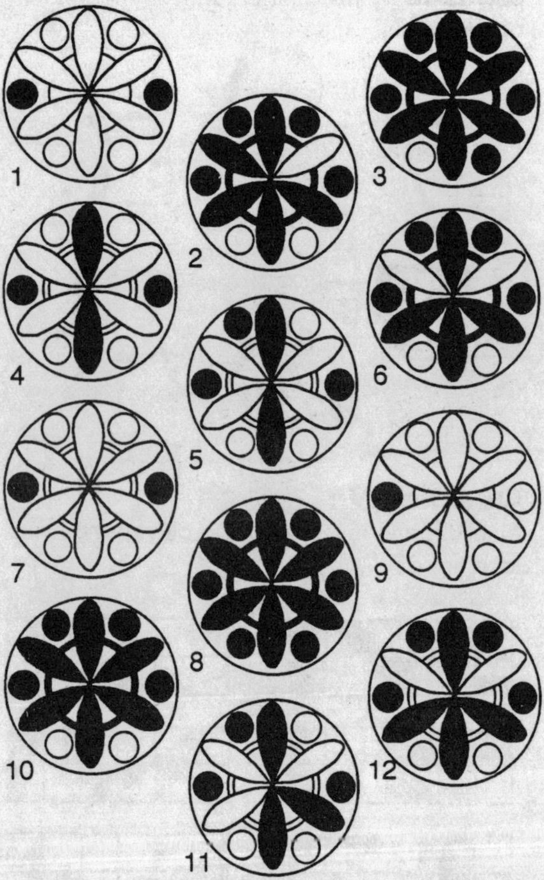

TEST 3

Question 1 :

Quels dessins apparaissent dans un cercle et pas dans l'autre ?

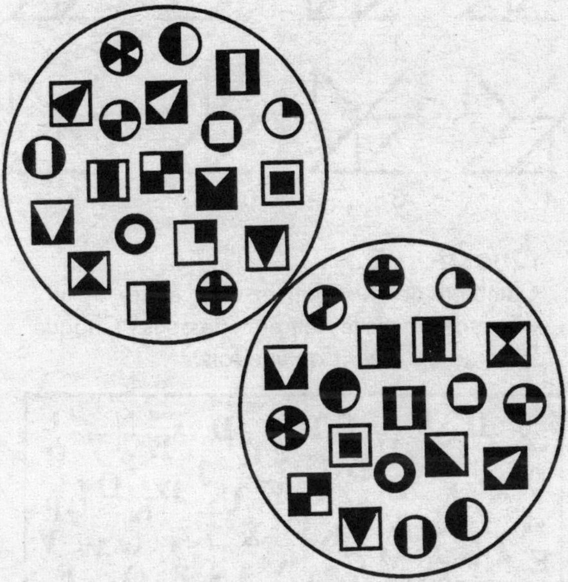

Question 2 :

Combien y a-t-il de figures numérotées identiques à la figure * ?

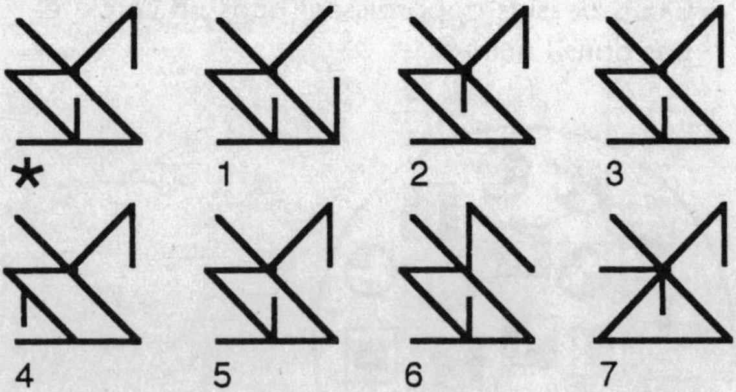

Question 3 :

Combien de fois pouvez-vous écrire le mot « Tocade » avec les lettres ci-dessous ? Chaque lettre ne doit servir qu'une fois.

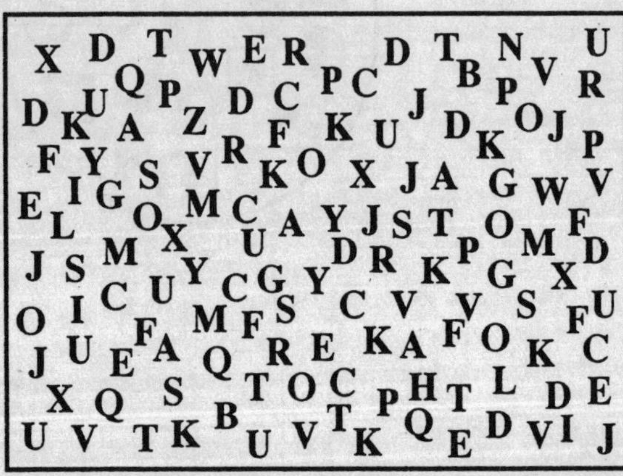

Question 4 :

Plusieurs de ces carrés sont identiques : lesquels ?

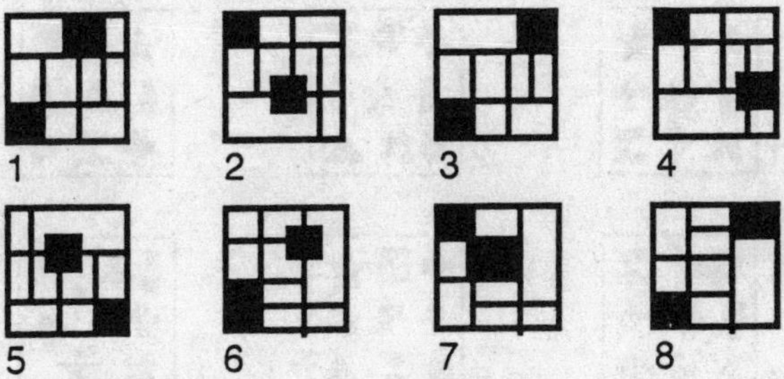

Question 5 :

Une forme numérotée ne se retrouve pas dans le rectangle : laquelle ? Une forme avec une lettre ne se retrouve pas au-dessus : laquelle ?

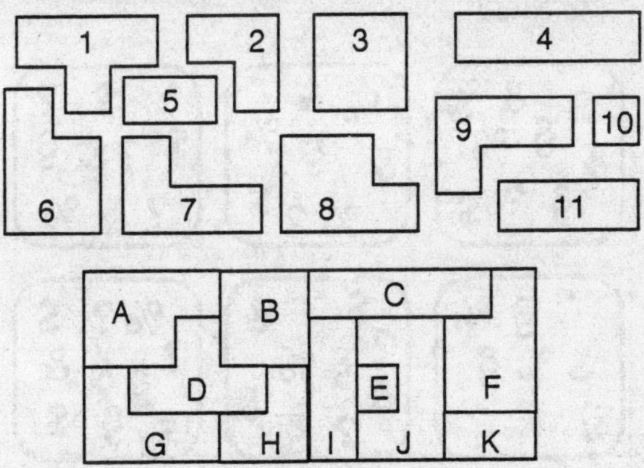

Question 6 :

Plusieurs cases contiennent exactement les mêmes formes : combien ?

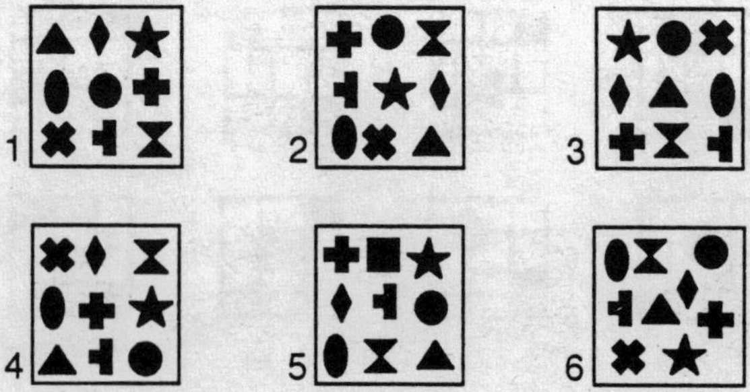

Question 7 :

Quel signe apparaît une fois dans trois cases, deux fois dans deux cases et trois fois dans une case ?

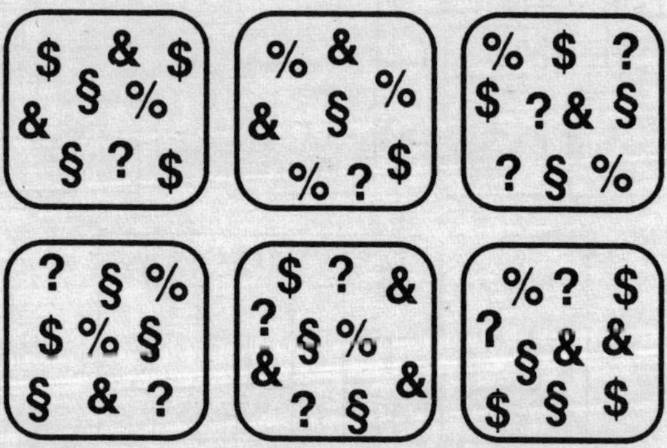

Question 8 :

On peut former quatre carrés avec huit de ces pièces : laquelle n'est pas utilisée ?

Question 9 :

Sous les taches, trois professions : trouvez-les !

[redacted]

[redacted]

[redacted]

Question 10 :

Quelle forme numérotée a la plus grande surface noire ?

1

2

3

4

Solutions

? = !

LES TESTS DE SÉRIES VISUELLES

Chaque bonne réponse donne 10 points.
Notez votre score pour chaque test,
et consultez le tableau ci-dessous
pour apprécier votre progression
dans les tests de cette catégorie.

Votre niveau	Points
Continuez de vous entraîner ; vous pouvez progresser.	40 ou moins
Bons résultats qui peuvent être consolidés.	50 - 70
Niveau supérieur.	80 - 90
Succès assuré.	100

TEST 1 – SOLUTIONS

N° 1 : 6 DÉPLACEMENT :

un carré progresse horizontalement vers la gauche, l'autre vers le haut.

N° 2 : 2 TRANSFORMATION :

à chaque fois, la case comprend deux ronds noirs supplémentaires (sans logique de position).

N° 3 : 4 ROTATION :

le trait tourne de 1/8 de tour dans le sens contraire des aiguilles d'une montre et le rond, de 1/4 de tour dans le même sens.

N° 4 : 1 DÉPLACEMENT :

un carré se déplace vers le bas, un autre vers la droite et le troisième vers la gauche.

N° 5 : 6 DÉPLACEMENT
et TRANSFORMATION :

le carré noir et le carré blanc avancent dans le sens des aiguilles d'une montre. Les carrés rayés avancent dans le sens inverse, les traits changeant d'orientation de 90° à chaque fois.

N° 6 : 5 ROTATION :

la diagonale avec le point tourne de 90° dans le sens inverse des aiguilles d'une montre, le petit trait tourne de 45° dans le même sens.

N° 7 : 3 DÉPLACEMENT :

la diagonale de carrés noirs ne bouge pas. Un carré progresse en diagonale du coin inférieur gauche au coin supérieur droit, l'autre carré se déplace vers le bas.

N° 8 : 3 DÉPLACEMENT :

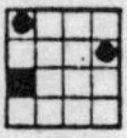

un rond se déplace vers la droite, un rond saute de coin en coin dans le sens inverse des aiguilles d'une montre, le carré va vers la gauche.

N° 9 : 4 ROTATION :

le triangle blanc tourne de 90° dans le sens des aiguilles d'une montre, le triangle noir et le carré de 90° en sens inverse, le carré alterne noir/blanc.

N° 10 : 2 ROTATION et TRANSFORMATION :

la forme en L tourne autour du carré dans le sens des aiguilles d'une montre et sur elle-même en sens inverse ; les chiffres progressent selon l'ordre numérique et passent de coin en coin. La lettre progresse dans l'alphabet et tourne sur place dans le sens inverse des aiguilles d'une montre.

TEST 2 – SOLUTIONS

N° 1 : 3 ROTATION :

chaque trait tourne de 1/8 de tour dans le sens contraire des aiguilles d'une montre à chaque fois.

N° 2 : 2 DÉPLACEMENT :

le triangle monte en diagonale, le rond descend, la croix va à gauche, l'étoile va à droite.

N° 3 : 4 DÉPLACEMENT et TRANSFORMATION :

un cache reste fixe dans le coin supérieur gauche, les autres figures progressent dans le sens contraire des aiguilles d'une montre. Les lettres, majuscules ou minuscules, avancent dans l'alphabet, les chiffres diminuent.

N° 4 : 5 ROTATION :

les deux figures tournent sur place de 90°, le T dans le sens des aiguilles d'une montre, le triangle en sens opposé.

N° 5 : 3 DÉPLACEMENT :

le carré noir du coin supérieur gauche descend en zigzag sur 2 colonnes, les 2 autres carrés montent.

N° 6 : 2 DÉPLACEMENT et TRANSFORMATION :

le carré se déplace vers la droite, alternant noir/blanc ; le rond du bas monte, alternant blanc/noir aussi. Le rond noir descend, le triangle va vers la gauche.

N° 7 : 6 ROTATION et TRANSFORMATION :

un triangle tourne de 1/4 de tour, l'autre de 1/8 de tour, et ils alternent blanc/noir. Dans la troisième case, ils sont superposés.

N° 8 : 5 DÉPLACEMENT et TRANSFORMATION :

le rond noir, dans le coin supérieur droit, descend vers le coin inférieur gauche en changeant de couleur à chaque déplacement... En bas, le rond noir progresse vers la droite, et le rond blanc vers la gauche.

N° 9 : 6 ROTATION :

un triangle se déplace d'un coin à l'autre dans le sens contraire des aiguilles d'une montre, l'autre tourne de 90°, dans le sens contraire des aiguilles d'une montre.

N° 10 : 4 ROTATION et TRANSFORMATION :

tous les éléments tournent autour du carré dans le sens contraire des aiguilles d'une montre : un trait tourne de 1/4 de tour, un autre de 1/8 de tour, la lettre progresse dans l'alphabet en avançant, le rond bicolore tourne sur lui-même de 90°.

TEST 3 – SOLUTIONS

N° 1 : 4 DÉPLACEMENT et TRANSFORMATION :

le carré grandit et tourne autour de la case dans le sens des aiguilles d'une montre.

N° 2 : 6 ROTATION et TRANSFORMATION :

le triangle tourne de 1/8 de tour dans le sens des aiguilles d'une montre et alterne entre noir et blanc.

N° 3 : 2 DÉPLACEMENT :

les 2 carrés noirs se déplacent diagonalement vers le bas.

N° 4 : 3 ROTATION :

le trait tourne de 1/4 de tour dans le sens des aiguilles d'une montre, le point noir passe alternativement d'une extrémité du trait à l'autre, le rond blanc progresse de 1/8 de tour dans le sens contraire.

N° 5 : 1 DÉPLACEMENT :

les traits horizontaux et verticaux progressent d'une case en sens inverse l'un de l'autre. Quand ils se superposent sur la même case, cela fait un quadrillage. Les triangles font de même, mais la superposition crée une étoile.

N° 6 : 3 DÉPLACEMENT et TRANSFORMATION :

la lettre progresse dans l'alphabet et sa position alterne entre les coins inférieurs ; le chiffre diminue et sa position alterne entre les deux coins à droite. Rond et carré alternent dans le coin supérieur gauche.

N° 7 : 6 ROTATION :

le rond tourne de 135° (3/8 de tour) autour du carré dans le sens des aiguilles d'une montre, le trait progresse d'autant, mais en sens inverse.

N° 8 : 5 DÉPLACEMENT et TRANSFORMATION :

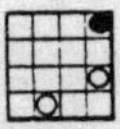

à chaque déplacement les ronds changent de couleur. Au départ, rangée du haut : un rond va vers la droite, un autre vers le bas ; avant-dernière rangée : le rond va vers la droite, rangée du bas, vers le haut. (La solution n'a que 3 ronds car deux ronds sont superposés dans le coin supérieur droit.)

N° 9 : 4 DÉPLACEMENT et ROTATION :

le carré au départ sur le côté gauche tourne de 90° dans le sens contraire des aiguilles d'une montre autour de la case. L'autre carré progresse d'autant en sens inverse et tourne de 45° sur lui-même à chaque fois.

N° 10 : 1 DÉPLACEMENT :

la flèche noire progresse de 1/8 de tour autour de la case dans le sens contraire des aiguilles d'une montre, et tourne de 3/8 de tour sur elle-même, également dans le sens contraire des aiguilles d'une montre. La flèche blanche suit le même mouvement, mais tourne de 180° sur elle-même à chaque fois.

LES TESTS DE COMPRÉHENSION VERBALE

Vocabulaire : 10 points par bonne réponse.
Compréhension : 5 points par phrase correctement cochée (2 par question).
Notez votre score pour chaque test, et consultez le tableau ci-dessous pour apprécier votre progression dans les tests de cette catégorie.

Votre niveau	Points
Continuez de vous entraîner ; vous pouvez progresser.	40 ou moins
Bons résultats qui peuvent être consolidés.	50 - 70
Niveau supérieur.	80 - 90
Succès assuré.	100

TEST 1 – SOLUTIONS
Vocabulaire

1 - Paresser (les autres mots correspondent au sommeil).
2 - Travailler (seul mot qui n'est pas argotique).
3 - Semelle (partie de chaussure).
4 - Félon (traître temporel, plutôt que quelqu'un qui n'est pas religieux).
5 - Pointu (les autres signifient qui coupe et non pas avec une pointe).
6 - Infraction (aller contre une loi, plutôt qu'une gêne).
7 - Tilleul (tous de couleur jaune sauf tilleul, souvent utilisé à la place de « vert tilleul »).
8 - Faisceau (rassemblement de choses plutôt que de personnes).
9 - Débris (ce qui reste d'une chose plutôt qu'une partie de cette chose).
10 - Spolier (dépouiller d'un bien plutôt qu'envoyer en exil).

TEST 2 – SOLUTIONS
Vocabulaire

1 - Vénérer (estimer hautement et non faire appel).
2 - Congru (à peine suffisant plutôt que sans importance).

3 - Réalisation (ce que l'on obtient et non pas l'acharnement à l'obtenir).
4 - Fiable (à qui l'on peut se fier et non, qui est permis).
5 - Caudataire (personne obséquieuse, plutôt que lâche).
6 - Pensum (ouvrage ennuyeux plutôt qu'un écrit polémique).
7 - Prébende (revenu ou profit tiré d'une charge, plutôt qu'une faveur).
8 - Magnésien (qui contient du magnésium et non pas une ère géologique).
9 - Cantilène (chanson, alors que les autres sont des danses).
10 - Vacuole (une cavité plutôt qu'une saillie).

TEST 3 – SOLUTIONS
Compréhension

1 - A et C
2 - C et D
3 - A et B
4 - B et D
5 - B et D
6 - A et C
7 - B et E
8 - A et D

LES TESTS DE DOMINOS

Chaque bonne réponse donne 10 points.
Notez votre score pour chaque test,
et consultez le tableau ci-dessous
pour apprécier votre progression
dans les tests de cette catégorie.

Votre niveau	Points
Continuez de vous entraîner ; vous pouvez progresser.	40 ou moins
Bons résultats qui peuvent être consolidés.	50 - 70
Niveau supérieur.	80 - 90
Succès assuré.	100

TEST 1 – SOLUTIONS

1  SÉRIE :
les doubles progressent horizontalement en augmentant de 2 points, ou verticalement en augmentant de 1 point.

2  RÉPARTITION :
les dominos sont identiques à ceux juste au-dessus, mais inversés.

3  SÉRIE :
2 séries décroissantes (l'une avec les premières cases, l'autre avec les deuxièmes) qui sautent un terme à chaque fois.

4  RÉPARTITION :
les dominos sont symétriques par paires.

5  SÉRIE :
2 séries croissantes : premières cases, sautent 1 terme, deuxièmes cases, sautent 3 termes.

6  OPÉRATION :
chaque case du bas représente la différence des cases au-dessus.

7  SÉRIE :
2 séries croissantes (sur les 1res et 2es cases).

8  SÉRIE + RÉPARTITION :
une série croissante simple progresse alternativement entre cases intérieures et extérieures. Les autres cases ont toutes des 4.

9  SÉRIE :
progression en zigzag comme N° 8, une série simple, et une qui décroît où l'on saute un terme à chaque fois (2 solutions possibles).

10 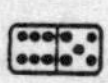 OPÉRATION :
ne prenons que les cases de gauche des dominos : la 3e de chaque rangée horizontale est la somme des deux précédentes. Ne prenons que les cases de droite : la 3e est la différence des deux précédentes.

TEST 2 – SOLUTIONS

1  RÉPARTITION :
les dominos sont disposés par paires symétriques face à face.

2  SÉRIE :
une série simple, décroissante où chaque terme est répété une fois. Les lignes se suivent comme pour la lecture d'un texte.

3  OPÉRATION :
prendre les dominos par groupes de trois. La case de droite représente la somme des deux précédentes.

4  SÉRIE :
une série décroissante, où l'on saute un terme entre chaque domino.

5  SÉRIE :
une série décroissante, où l'on saute un terme entre chaque case.

6  SÉRIE :
deux séries croissantes en zigzag. L'une, où l'on saute un terme à chaque fois, l'autre où chaque terme est répété une fois.

7 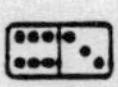 RÉPARTITION :
chaque domino est symétrique par rapport à un domino de la rangée au-dessus, mais décalé d'un domino.

8  OPÉRATION :
chaque case des dominos horizontaux est le double d'une case des dominos verticaux.

9  SÉRIE :
série croissante qui saute un terme toutes les trois cases.

10  SÉRIE + OPÉRATION :
sur les cases de gauche de chaque domino : une série croissante simple horizontalement. Cases de droite : celles du bas représentent la somme des deux au-dessus.

TEST 3 – SOLUTIONS

1 
RÉPARTITION :
deux dominos qui alternent dans un sens ou dans l'autre.

2 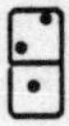
SÉRIE :
soit une série décroissante où l'on saute un terme entre chaque domino, passant du bas d'un domino au haut du suivant. Soit, deux séries horizontales décroissantes où l'on saute 2 termes entre les cases.

3 
SÉRIE :
une série croissante, où l'on saute un terme entre chaque case.

4 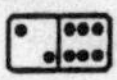
RÉPARTITION :
3 dominos se répètent, une fois dans chaque rangée et chaque colonne.

5 
SÉRIE :
cases du haut : série croissante qui saute un terme entre les cases ; cases du bas : série décroissante qui saute 2 termes entre les cases.

6 
OPÉRATION :
les cases du bas sont alternativement la somme et la différence des 2 cases au-dessus.

7 
ou

SÉRIE et RÉPARTITION :
cases extérieures symétriques face à face, intérieures, série croissante qui saute un terme entre les cases. (Avec les étoiles à 6 branches, 2 solutions sont possibles : placez de préférence le domino à trouver à la fin de la série en tournant dans le sens des aiguilles d'une montre.)

8 
OPÉRATION :
chaque case des dominos horizontaux est égale aux cases des dominos verticaux plus un.

9 
SÉRIE :
une série sur les 1res cases de chaque domino qui saute un terme chaque fois et une autre, continue, sur les 2es cases.

10 
ou

SÉRIE et RÉPARTITION : cases intérieures, paires identiques côte à côte. Cases extérieures, série qui saute alternativement 1 et 2 termes. (2 solutions possibles.)

LES TESTS DE RAISONNEMENT

Chaque bonne réponse donne 10 points.
Notez votre score pour chaque test,
et consultez le tableau ci-dessous
pour apprécier votre progression
dans les tests de cette catégorie.

Votre niveau	Points
Continuez de vous entraîner ; vous pouvez progresser.	40 ou moins
Bons résultats qui peuvent être consolidés.	50 - 70
Niveau supérieur.	80 - 90
Succès assuré.	100

TEST 1 – SOLUTIONS

1 - ORAGE (les premières lettres mélangées donnent *Harpe*, le second groupe réarrangé donne *Orage*).

2 - PUTOIS ou PISTOU (comme l'exercice précédent, mais les groupes de lettres mélangées ne sont pas séparés).

3 - PISTE (*ombre* est la fin du premier mot ; *piste*, la fin du second).

4 - APLATIR (chaque chiffre correspond à une lettre du mot qui suit. En se servant de la même correspondance chiffres/lettres mais avec le nouvel ordre donné, on obtient le second mot).

5 - COGNER (lire les lettres dans l'ordre indiqué par les chiffres à leur droite, comme avec le premier mot).

6 - PÉPIN (est à *raisin* ce que noyau est à *cerise* ou akène à *fraise*).

7 - Réparer (on souligne le mot avec une signification différente des autres. En l'occurrence, les autres mots de la seconde ligne se rapportent tous à des travaux de couture).

8 - Fierté (on souligne le mot qui ne forme pas une paire avec un autre mot ayant une signification contraire : respecter/mépriser et repasser/froisser pour la première ligne. Limpidité/opacité, mélancolie/gaieté pour la seconde).

9 - 3 (position dans l'alphabet de la première lettre du mot : C = 3).

10 - A (seule lettre qui n'apparaît pas deux fois dans le mot).

TEST 2 – SOLUTIONS

1 - OBTUS (les premières lettres mélangées donnent *natif*, le second groupe réarrangé donne *obtus*).

2 - ROMPRE (comme l'exercice précédent, mais les groupes de lettres mélangées ne sont pas séparés).

3 - RÂLE (*gène* est la fin du premier mot, *râle* la fin du second, la solution « Mine » donne quand même 5 points, car elle indique que l'on a compris le principe mais il a été appliqué de façon erronée).

4 - FISCALE (chaque chiffre correspond à une lettre du mot qui suit. En se servant de la même correspondance chiffres/lettres mais avec le nouvel ordre donné, on obtient le second mot).

5 - CHENIL (lire les lettres dans l'ordre indiqué par les chiffres à leur droite, comme avec le premier mot).

6 - TERRE (est à *taupe* ce que eau est à *goujon* ou air à *pigeon*).

7 - <u>Magasin</u> (on souligne le mot désignant la chose qui contient tous les autres mots).

8 - <u>Observance</u> (on souligne le mot qui ne forme pas une paire avec un autre mot ayant une signification contraire : revenu/dépense, avance/retard pour la première ligne ; persévérance/inconstance, inquiétude/insouciance pour la seconde).

9 - R (lettre qui apparaît le plus souvent dans le mot).

10 - 7.7 (premier chiffre = nombre total de lettres du mot ; deuxième chiffre = nombre de lettres différentes du mot).

TEST 3 – SOLUTIONS

1 - HOMARD (les premières lettres mélangées donnent *Évasif*, le second groupe réarrangé donne *Homard*).

2 - NOMBRE (comme l'exercice précédent, mais les groupes de lettres mélangées ne sont pas séparés).

3 - TEL (*bon* est au milieu du premier mot, *tel* au milieu du second, la solution « Cou » donne quand même 5 points, car elle indique que l'on a compris le principe, mais il a été appliqué de façon erronée).

4 - 5361432 (chaque chiffre correspond à une lettre du mot qui le précède. En se servant de la même correspondance lettres/chiffres, mais avec le nouvel ordre donné, on obtient la seconde série de chiffres).

5 - INTRUS (lire les lettres dans l'ordre indiqué par les chiffres à leur droite, comme avec le premier mot).

6 - CARIE (est à *plombage* ce que fracture est à *plâtre* ou calvitie à *perruque*).

7 - <u>Essence</u> (l'ensemble des mots se rapporte à un objet (arme à feu pour la première ligne, voiture pour la seconde), le mot souligné est un élément utilisé par cet objet mais n'en faisant pas partie).

8 - <u>Supposition</u> (on souligne le mot qui ne forme pas une paire avec un autre mot ayant une signification opposée : nécessaire/superflu, vertueux/pervers pour la première ligne. Prétention/modestie, adjonction/suppression pour la seconde).

9 - 4 (nombre de voyelles).

10 - 1.5 (premier chiffre : ordre alphabétique de la première lettre du mot, deuxième chiffre : nombre de lettres du mot).

LES TESTS DE MATRICES

Chaque bonne réponse donne 10 points.
Notez votre score pour chaque test,
et consultez le tableau ci-dessous
pour apprécier votre progression
dans les tests de cette catégorie.

Votre niveau	Points
Continuez de vous entraîner ; vous pouvez progresser.	40 ou moins
Bons résultats qui peuvent être consolidés.	50 - 70
Niveau supérieur.	80 - 90
Succès assuré.	100

TEST 1 – SOLUTIONS

N° 1 : 6 SUPERPOSITION :

cases de droite formées en superposant 2 précédentes ; cases du bas en superposant 2 au-dessus.

N° 2 : 1 RÉPARTITION :

chaque figure une fois dans chaque rangée et chaque colonne.

N° 3 : 4 TRANSFORMATION :

troisième case = différence des nombres de cercles des deux précédentes. (Horizontalement et verticalement.)

N° 4 : 7 ASSEMBLAGE :

case de gauche formée en assemblant les motifs des précédentes. Case du bas avec celles au-dessus.

N° 5 : 6 RÉPARTITION :

figures réparties comme dans le N° 2 ci-dessus, une fois figure dessous, une fois figure dessus.

N° 6 : 7 SUPERPOSITION :

on superpose les 2 premières cases (H. ou V.) et l'on ne garde que les traits communs aux deux.

N° 7 : 6 TRANSFORMATION :

une forme tourne de 90° dans un sens et l'autre de 90° dans l'autre (par rangée horizontale).

N° 8 : 2 SUPERPOSITION :

on superpose les 2 premières cases et l'on élimine les petits carrés lorsqu'un noir est face à un blanc.

N° 9 : 5 RÉPARTITION :

les 3 parties de chaque triangle sont toutes différentes dans une même rangée, la partie intermédiaire est semblable dans chaque colonne.

N° 10 : 3 ASSEMBLAGE :

la première case est constituée de deux fois la deuxième et de chaque carré de la troisième.

TEST 2 – SOLUTIONS

N° 1 : 6 RÉPARTITION :

chaque dessin une fois dans chaque rangée et chaque colonne.

N° 2 : 2 ASSEMBLAGE :

dessin de droite formé en accolant le petit carré de gauche et le carré inférieur du dessin du centre.

N° 3 : 8 TRANSFORMATION :

la bougie tourne de 90° dans le sens des aiguilles d'une montre, et il y a une blanche par rangée et par colonne.

N° 4 : 6 SUPERPOSITION :

on superpose les 2 premières cases et l'on ne garde que les traits qu'elles ont en commun. (Horizontalement et verticalement.)

N° 5 : 1 RÉPARTITION :

prendre les 2 rectangles de chaque case comme des objets différents. Les répartir comme dans le N° 1.

N° 6 : 5 ASSEMBLAGE :

première case obtenue en accolant la deuxième à la troisième.

N° 7 : 3 TRANSFORMATION :

la petite forme vient en 3 grandeurs et la barre tourne de 90° dans le sens contraire des aiguilles d'une montre.

N° 8 : 3 SUPERPOSITION :

des 2 premières cases et élimination des triangles face à face (intérieur/extérieur).

N° 9 : 4 SUPERPOSITION :

des 2 premières cases. Il y a 3 motifs (noir, blanc, rayé). Si l'on superpose des motifs différents, on obtient le troisième motif ; si l'on superpose des motifs semblables, le motif demeure inchangé.

N° 10 : 4 RÉPARTITION :

chaque dessin, une fois dans chaque rangée et chaque colonne. Les mêmes formes, mais de taille ou de proportion différentes, sont prises comme des dessins différents.

TEST 3 – SOLUTIONS

N° 1 : 2 RÉPARTITION :

chaque dessin une fois dans chaque rangée et chaque colonne.

N° 2 : 1 TRANSFORMATION :

la flèche tourne de 90° dans le sens des aiguilles d'une montre.

N° 3 : 4 ASSEMBLAGE :

case de droite formée avec la partie supérieure de la 1re case et la partie inférieure de la 2e case.

N° 4 : 6 TRANSFORMATION :

la forme s'allonge et s'assombrit vers la droite, et devient plus haute vers le bas.

N° 5 : 5 RÉPARTITION :

chaque partie du dessin (de couleur différente) une fois dans chaque rangée et chaque colonne.

N° 6 : 8 SUPERPOSITION :

après superposition des 2 premières cases, les traits de la 3e prolongent ceux des 2 premières.

N° 7 : 6 RÉPARTITION :

chaque forme apparaît 3 fois : avec l'une puis l'autre moitié sombre, puis en blanc.

N° 8 : 3 SUPERPOSITION :

on superpose les 2 premières cases et l'on élimine les traits communs aux deux.

N° 9 : 7 RÉPARTITION :

6 éléments se distinguent par leur forme ou leur position. Répartir les six sur chaque rangée.

N° 10 : 5 ASSEMBLAGE :

chaque rond de la 3e colonne reproduit un rond situé toujours à la même place dans les colonnes précédentes.

LES TESTS DE SÉRIES

Chaque bonne réponse donne 4 points. Notez votre score pour chaque test, et consultez le tableau ci-dessous pour apprécier votre progression dans les tests de cette catégorie.

Votre niveau	Points
Continuez de vous entraîner ; vous pouvez progresser.	40 ou moins
Bons résultats qui peuvent être consolidés.	50 - 70
Niveau supérieur.	80 - 90
Succès assuré.	100

TEST 1 – SOLUTIONS

A - 8 (+ 4) 12 (+ 4) 16 (+ 4) 20 (+ 4) 24 (+ 4) **28**.

B - 80 (– 3) 77 (– 3) 74 (– 3) 71 (– 3) 68 (– 3) **65**.

C - U (ordre alphabétique en sautant 3 lettres à chaque fois).

D - 22 (+ 1) 23 (+ 2) 25 (+ 3) 28 (+ 4) 32 (+ 5) **37**.

E - 5 (+ 2) 7 (+ 3) 10 (+ 2) 12 (+ 3) 15 (+ 2) **17**.

F - 15 P (2 séries : alphabet 1 lettre sur 3, nombres + 3).

G - 71 (– 4) 67 (– 2) 65 (– 4) 61 (– 2) 59 (– 4) **55**.

H - I (alphabet rétrograde, en sautant 2 lettres chaque fois).

I - 2 (× 2) 4 (× 2) 8 (× 2) 16 (× 2) 32 (× 2) **64**.

J - 13 E (2 séries : alphabet rétrograde une lettre sur deux, nombres + 2).

K - 7 (+ 3) 10 (× 2) 20 (+ 3) 23 (× 2) 46 (+ 3) **49** (× 2) **98**.

L - 448 (: 2) 224 (: 2) 112 (: 2) 56 (: 2) 28 (: 2) **14** (: 2) **7**.

M - R U (on saute alternativement 1 et 2 lettres).

N - 6 (+ 1) 7 (– 2) 5 (× 3) 15 (+ 4) 19 (– 5) 14 (× 6) 84 (+ 7) **91** (– 8) **83** (successivement + , – et ×, et avec un nombre qui augmente de 1 chaque fois).

O - **L 9** (deux séries : alphabet une lettre sur deux, nombre toujours 5, 7 et 9 qui se répètent).

P - 13 (80) 17 (74) 21 (68) **25 (62)** (deux séries : ici mises en évidence par les parenthèses, l'une des nombres qui progressent de 4, l'autre des nombres qui décroissent de 6).

Q - A (W) C (U) E (S) G (Q) I **(O) K**.
(deux séries : l'une qui progresse dans l'alphabet, l'autre qui prend l'alphabet en sens inverse ; l'une et l'autre sautent une lettre sur deux).

R - 4 (× 2 – 1) 7 (× 2 – 1) 13 (× 2 – 1) 25 (× 2 – 1) 49 (× 2 – 1) **97**.

S - 18 20 (les nombres premiers + 1).

T - **FFF 21** (lettres en ordre alphabétique, d'abord une fois, puis deux, puis trois et de nouveau, une fois..., nombres + 2, + 3, + 4, etc.).

U - **8 9 (17)** (une série de nombres qui se suivent et, entre parenthèses, la somme des deux nombres précédents).

V - **K J** (les lettres en groupe de 4 sont toujours dans l'ordre suivant, quatrième, première, troisième et seconde).

W- 5 (+ 1 × 1) 6 (+ 2 × 2) 16 (+ 3 × 3) 57 (+ 4 × 4) 244 (+ 5 × 5) **1245**.

X - 9 P (2 séries : alphabet qui saute deux lettres à chaque fois ; nombres impairs qui sont répétés une fois sur deux).

Y - 3 (× 4) 12 (: 2) 6 (× 4) 24 (: 2) 12 (× 4) **48** (: 2) **24**.

Z - G 13 (deux séries : alphabet une lettre sur deux ; nombres impairs, alternativement une lettre et deux nombres).

TEST 2 – SOLUTIONS

A - 43 (– 7) 36 (– 7) **29** (– 7) 22 (– 7) 15 (– 7) 8.

B - 3 (+ 6) 9 (+ 6) 15 (+ 6) **21** (+ 6) 27 (+ 6) 33.

C - **P** (ordre alphabétique en sautant 4 lettres à chaque fois).

D - 34 (– 7) 27 (– 6) 21 (– 7) **14** (– 6) 8 (– 7) 1.

E - **10** (+ 14) 24 (+ 2) 26 (+ 14) 40 (+ 2) 42 (+ 14) 56.

F - **O 9** (2 séries : alphabet 1 lettre sur 4, nombres – 4).

G - 12 (+ 7) 19 (+ 6) 25 (+ 5) **30** (+ 4) 34 (+ 3) 37.

H - **R** (alphabet rétrograde, en sautant 3 lettres chaque fois).

I - 4 (× 3) 12 (× 3) 36 (× 3) 108 (× 3) **324** (× 3) 972.

J - **L 16** (2 séries : alphabet 1 lettre sur 3, nombres – 4).

K - 6 (× 3) 18 (– 3) 15 (× 3) **45** (– 3) **42** (× 3) 126 (– 3) 123.

L - 1 (+ 2) 3 (× 2) 6 (– 2) 4 (+ 3) **7** (× 3) **21** (– 3) 18 (+ 4) 22 (× 4) 88 (– 4) 84 (+ 5) 89.

M - **D A** (alphabet rétrograde en sautant alternativement 2 et 3 lettres).

N - 1 296 (: 3) 432 (: 2) 216 (: 3) 72 (: 2) 36 (: 3) **12** (: 2) **6**.

O - **B 8** (les lettres sont toujours B C A et les nombres 5 et 8).

P - 2 (23) 7 (21) 12 (19) **17 (17)** (2 séries : mises en évidence par les parenthèses, l'une, de nombres qui progressent de 5 ; l'autre, de nombres qui décroissent de 2).

Q - **P S** (une lettre sur trois en ordre alphabétique et une lettre sur deux répétée).

R - (2^3 + 1 =) **9** (3^3 + 1 =) 28 (4^3 + 1 =) 65 (5^3 + 1 =) 126 (6^3 + 1 =) 217 (7^3 + 1 =) 344 (8^3 + 1 =) 513 (9^3 + 1 =) 730.

S - **5** (× 3 – 2) 13 (× 3 – 2) 37 (× 3 – 2) 109 (× 3 – 2) 325 (× 3 – 2) 973 (× 3 – 2) 2 917.

T - **II 16** (deux séries : nombres – 1 + 2 – 3 + 4, etc. ; une lettre sur deux, répétée une fois sur deux).

U - 3 4 (7) 5 6 (11) 7 8 **(15) 9** 10 (19) (les nombres qui se suivent – ici mis en évidence par des parenthèses – et, tous les deux nombres, la somme des deux nombres précédents).

V - **Z P** (les lettres en groupe de 4 progressent toujours dans l'alphabet selon l'ordre suivant : + 5, + 4, + 3, + 2).

W- 4 (+ 6) 10 (+ 12) 22 (+ 18) 40 (+ 24) 64 (+ 30) 94 (+ 36) **130**.

X - 48 G (deux séries : l'alphabet saute 4 lettres à chaque fois, les nombres sont multipliés par deux à chaque fois).

Y - 11 (× 3) 33 (– 16) 17 (× 3) 51 (– 16) 35 (× 3) **105** (– 16) 89.

Z - **12 T** (deux séries : alphabet rétrogradant, une lettre sur deux, nombres pairs croissant. Il y a chaque fois un nombre de plus entre chaque lettre).

TEST 3 – SOLUTIONS

A - 12 (+ 9) 21 (+ 9) 30 (+ 9) 39 (+ 9) 48 (+ 9) **57**.

B - 115 (– 13) 102 (– 13) 89 (– 13) 76 (– 13) 63 (– 13) **50**.

C - E (ordre alphabétique rétrograde, en sautant 4 lettres chaque fois).

D - 13 (+ 2) 15 (+ 4) 19 (+ 6) 25 (+ 8) 33 (+ 10) **43**.

E - 8 (+ 3) 11 (+ 9) 20 (+ 3) 23 (+ 9) 32 (+ 3) **35**.

F - H 22 (deux séries : alphabet rétrograde une lettre sur deux, nombres + 4).

G - 56 (– 9) 47 (– 8) 39 (– 7) 32 (– 6) 26 (– 5) **21**.

H - W (ordre alphabétique en sautant chaque fois une lettre de plus, 1 lettre, 2 lettres, 3 lettres, etc.).

I - 1024 (: 4) 256 (: 2) 128 (: 4) 32 (: 2) 16 (: 4) 4 (: 2) **2**.

J - 33 Z (deux séries : nombres + 3, alphabet 1 lettre sur 4).

K - **2** (+ 5) 7 (+ 7) 14 (+ 9) 23 (+ 11) 34 (+ 13) 47 (+ 15) 62 (+ 17) 79.

L - **1** (× 5) 5 (× 5) 25 (× 5) 125 (× 5) 625 (× 5) 3125.

M - **A** (alphabet en sautant 1, 2 et 3 lettres puis 1, 2 et 3 lettres de nouveau, etc.).

N - **30** (– 2) 28 (: 2) 14 (– 2) 12 (: 2) 6 (– 2) 4 (: 2) 2.

O - **38 R** (les lettres sont toujours N, P, R, les nombres + 4).

P - 36 (15) 32 (18) 28 (21) 24 **(24)** (deux séries : ici mises en évidence par les parenthèses, l'une – 4 à chaque fois, l'autre + 3).

Q - **H J** (on saute un nombre décroissant de lettres : d'abord 7, puis 6, puis 5, etc. jusqu'à Z on reprend avec A).

R - **2** (+ 5) 7 (+ 20) 27 (+ 80) 107 (+ 320) 427 (+ 1 280) 1 707 (+ 5 120) 6 827 (l'écart entre les nombres est multiplié par 4 à chaque fois).

S - **3** (+ 4) 7 (× 3) 21 (+ 4) 25 (× 3) 75 (+ 4) 79 (× 3) 237.

T - **F 37** (deux séries : nombres + 4, on saute 6 lettres chaque fois, à Z et l'on reprend avec A).

U - **16** <u>**224**</u> (deux séries : les nombres soulignés représentent la somme des deux nombres précédents ; les autres progressent par deux).

V - **T V** (les lettres juste avant et juste après une voyelle).

W- **2** (+ 1 × 2) 6 (+ 3 × 4) 36 (+ 5 × 6) 246 (+ 7 × 8) 2 024 (+ 9 × 10) 20 330 (+ et × avec des nombres qui croissent de 1).

X - 2Y 4U 7Q 11M 1GI 22E **29A** (deux séries : alphabet rétrograde en sautant 3 lettres à chaque fois, successivement + 2, + 3, + 4, etc.).

Y - 5 (× 1 + 1) 6 (× 2 + 2) 14 (× 3 + 3) 45 (× 4 + 4) 184 (× 5 + 5) **925**.

Z - A 3 D G 6 J 9 M P 12 **S 15** (deux séries : alphabet croissant en sautant 2 lettres à chaque fois, nombres + 3. Il y a alternativement une et deux lettres entre chaque nombre).

LES TESTS DE CARTES À JOUER

Chaque bonne réponse donne 10 points.
Notez votre score pour chaque test,
et consultez le tableau ci-dessous
pour apprécier votre progression
dans les tests de cette catégorie.

Votre niveau	Points
Continuez de vous entraîner ; vous pouvez progresser.	40 ou moins
Bons résultats qui peuvent être consolidés.	50 - 70
Niveau supérieur.	80 - 90
Succès assuré.	100

TEST 1 – SOLUTIONS

1 

OPÉRATION :
la troisième valeur représente la différence entre les deux premières. Une couleur par colonne.

2 

SÉRIE :
la valeur des cartes augmente régulièrement. Même colonne, même couleur.

3 

OPÉRATION :
la somme de chaque paire augmente de 2 points en progressant dans le sens des aiguilles d'une montre. Cœur à l'intérieur, trèfle à l'extérieur.

4 

RÉPARTITION :
les cartes sont disposées symétriquement autour du Joker autant pour les valeurs que les couleurs.

5 

OPÉRATION :
la première carte représente la somme des trois suivantes. 4 couleurs différentes par rangée.

6 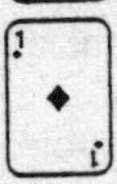

OPÉRATION :
la somme des valeurs de chaque colonne décroît régulièrement de 3 points. Colonne alternativement carreaux et cœurs.

7 

SÉRIE :
2 séries en zigzag. Nombres pairs, croissants, impairs décroissants. Une couleur par rangée.

8 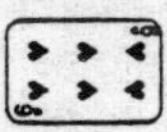

OPÉRATION :
la somme des 2 cartes à gauche = le double de celle à droite. Couleurs alternativement cœur et trèfle.

9 

RÉPARTITION :
un même nombre et une même couleur par rangée et par colonne.

10 

OPÉRATION :
les cartes uniques sur leur rangée représentent la somme des valeurs des cartes de la rangée au-dessous. Même couleur pour chaque groupe de 2 rangées.

TEST 2 – SOLUTIONS

1 

SÉRIE :
la valeur des cartes augmente régulièrement en progressant dans le sens inverse des aiguilles d'une montre, et chaque valeur est répétée une fois. Même couleur face à face.

2 

OPÉRATION :
somme des valeurs de chaque colonne = 15. 4 couleurs différentes par rangée.

3 

OPÉRATION :
la carte horizontale représente la différence entre les deux cartes verticales. Une même couleur par groupe de trois.

4 

OPÉRATION :
somme des valeurs de chaque colonne = 16.

5 

SÉRIE :
les valeurs croissent en progressant dans le sens contraire des aiguilles d'une montre. Couleurs disposées symétriquement.

6 

OPÉRATION :
la carte intérieure représente le double de la valeur de la carte extérieure. Chaque paire de même couleur.

7 

RÉPARTITION :
les valeurs et les couleurs viennent par paires, avec un écart de deux cartes.

8 

SÉRIE :
les cartes en ordre décroissant, en prenant chaque colonne successivement de haut en bas. Même colonne, même couleur.

9 

OPÉRATION :
pour chaque rangée, on ajoute d'abord 2 puis 3 à la valeur de la carte précédente. Même rangée, même couleur.

10 

OPÉRATION :
pour chaque groupe autour d'un Joker, la différence entre 2 cartes côte à côte est la même (ou la somme en diagonale est identique) 4 couleurs différentes par groupe.

TEST 3 – SOLUTIONS

1 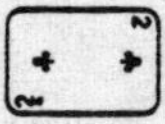

OPÉRATION :
la troisième valeur représente la différence entre les deux premières. Une couleur par rangée.

2 

SÉRIE :
la valeur des cartes augmente de l'intérieur vers l'extérieur et dans le sens des aiguilles d'une montre. Chaque couleur une fois à l'intérieur, une fois à l'extérieur.

3 

OPÉRATION :
la somme de chaque colonne décroît de 2 points en progressant vers la droite. Alternativement trèfle et carreau.

4 

RÉPARTITION :
les 1, 7, 4 et 9 apparaissent avec les 4 couleurs et dans 4 orientations différentes (H., V. et diag.).

5 

OPÉRATION :
la valeur de la carte verticale est le double de celle de la carte horizontale. Une même couleur par paire.

6 

OPÉRATION :
la carte du bas représente le produit des deux cartes au-dessus. Une couleur par colonne.

7 

SÉRIE :
2 séries en zigzag (de 6 à 10 et de 3 à 7). Une couleur par rangée.

8 

OPÉRATION :
la carte verticale représente la somme des cartes horizontales de la même rangée. Les 4 couleurs par rangée.

9 

OPÉRATION :
la somme des valeurs de chaque colonne croît de 2 points en progressant vers la droite. Colonnes alternativement carreau et trèfle.

10 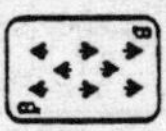

OPÉRATION :
la carte verticale représente la moyenne des 4 cartes autour. Les 4 cartes autour ont toujours la même couleur.

LES TESTS DE CUBES

Chaque bonne réponse donne 10 points. Notez votre score pour chaque test, et consultez le tableau ci-dessous pour apprécier votre progression dans les tests de cette catégorie.

Votre niveau	Points
Continuez de vous entraîner ; vous pouvez progresser.	40 ou moins
Bons résultats qui peuvent être consolidés.	50 - 70
Niveau supérieur.	80 - 90
Succès assuré.	100

TEST 1 – SOLUTIONS

1 - Il manque 18 petits cubes.
2 - 1 et 2 identiques (dans N° 3, par exemple, les deux petits carrés sont à côté du carré unique – et ils sont sur des faces opposées dans tous les autres ; N° 4, la face noire et le petit triangle sont côte à côte et opposés sur les autres).
3 - 13 briques.
4 - 4A et 5B (si l'on divise le dessin en 9 carrés, chaque carré correspond à une face d'un cube :

B	B	A
B	A	B
A	B	A

5 - Aucun !
6 - Une face noire.
7 - 2, 3, 4 et 6.
8 - Plan N° 4.
9 - Il manque 10 petits cubes.
10 - 2 cubes en combinant 2 avec 5 et 7 avec 9.

TEST 2 – SOLUTIONS

1 - 10 cubes (base 5 cubes ; milieu 5 cubes ; sommet aucun).

2 - Trois (1, 2 et 3. Sur ces dés, le six et le un sont sur des faces opposées, sur le N° 4 le six et le trois sont sur des faces opposées).

3 - Quatre briques : 3e brique, rangée du bas ; avant-dernière brique troisième rangée à partir du bas ; deuxième et quatrième brique à plat, quatrième rangée).

4 - 5 A et 4 B (si on divise le dessin en 9 carrés, chaque carré correspond à une des faces d'un cube :)

A	B	A
B	B	A
B	A	A

5 - Deux (2 et 6).

6 - Triangle blanc sur fond noir.

7 - Trois (1, 2 et 6).

8 - N° 3.

9 - 21 briques.

10 - N° 2.

TEST 3 – SOLUTIONS

1 - Oui, 19 cubes manquent et il y a 19 cubes clairs.

2 - Trois (1, 2 et 4. Les mêmes lettres ou chiffres sont répartis de la même façon, mais l'orientation des signes change. On remarque ceci particulièrement avec le R et le 8 et le R et le H).

3 - 22 briques (il est parfois plus facile de compter celles qui sont en place et ensuite de faire une soustraction).

4 - 5 A et 4 B.

A	A	A
A	B	B
A	B	B

5 - Six (tous identiques).

6 - 1 point.

7 - 2 et 4.

8 - Ouest = 3, Sud = 4, Est = 2, Nord = 1.

9 - Six (3 premier niveau en bas, 3 niveau intermédiaire).

10 - Trois (1 et 6, 2 et 3, 4 et 5).

LES TESTS VISUELS DE LOGIQUE

Chaque bonne réponse donne 10 points.
Notez votre score pour chaque test,
et consultez le tableau ci-dessous
pour apprécier votre progression
dans les tests de cette catégorie.

Votre niveau	Points
Continuez de vous entraîner ; vous pouvez progresser.	40 ou moins
Bons résultats qui peuvent être consolidés.	50 - 70
Niveau supérieur.	80 - 90
Succès assuré.	100

TEST 1 – SOLUTIONS

1 - Lots : 2, 6, 8, 7.

2 - N° 1 (figure dans quart sup. gauche permutée avec figure du quart inf. gauche ; figures de droite tournées de 180°).

3 - Carrés 1, 3 et 6.

4 - 4 (nombre de côtés de la figure à gauche + 1).

5 -

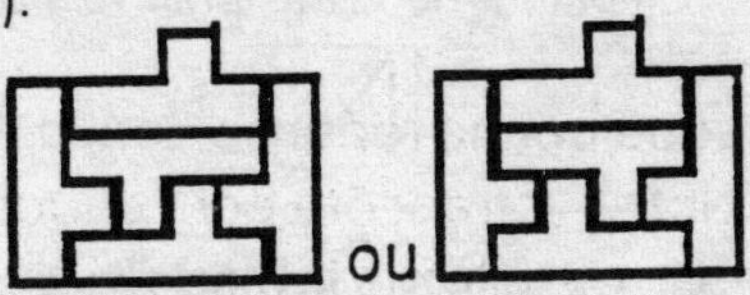

6 - Le rond bicolore (seul signe qui apparaît deux fois dans le même sens).

7 - 13 triangles (1 rond = 2 triangles ; 2 carrés = 5 triangles ; 2 sabliers = 9 triangles).

8 - Permutez le rond noir du sommet avec le rond blanc de la pointe en bas à droite, ou le rond noir le plus bas des trois qui se suivent sur une même ligne à la gauche de la figure, avec le rond blanc juste au-dessous à droite.

9 - N° 2 (pour avoir toutes les combinaisons des 3 motifs).

10 - De gauche à droite : Vert, Jaune, Rouge, Bleu.

TEST 2 – SOLUTIONS

1 - 2 et 4.
2 - N° 3 (premier élément tourné de 90° dans le sens inverse des aiguilles d'une montre, deuxième élément tourné de 90° dans le sens des aiguilles d'une montre).
3 - 2, 4, 5.
4 - 5 (nombre de lettres pour écrire *cœur*).
5 - N° 2.

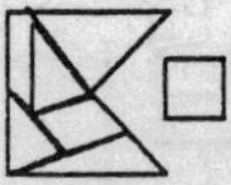

6 - Le rond (signe majoritaire).
7 - Le paquet avec X. En comparant les différentes balances, on trouvera les poids relatifs suivants.

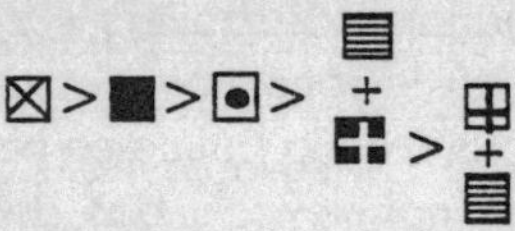

8 - 1, 3, 5 et 6 représentent des circuits semblables.
9 - Il manque 3 dessins pour avoir toutes les combinaisons avec une croix et un point dans des quarts différents de la figure :

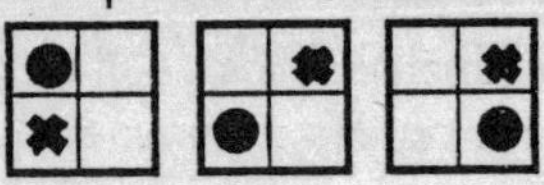

10 - 1 Dauphin, 2 Souverain, 3 Marquis, 4 Reine

TEST 3 – SOLUTIONS

1 - B, D, E.

2 - N° 3 (excluant le trait horizontal, la figure de départ est reproduite trois fois côte à côte, les deux figures de droite dans le sens initial, et celle de gauche tournée de 180°. Pour finir, le trait est ajouté sur toute la longueur du dessin et prolongé à gauche).

3 - 1, 3, 4, pour former un E.

4 - 125, le nombre des côtés de l'octogone opposés à chacune des droites intérieures. Les nombres sont donnés en ordre croissant.

5 - 15 (nombre de flèches × nombre de côtés).

6 - Toutes sauf 4 et 5.

7 - A = 50 g, B = 100 g, C = 75 g, D = 25 g (si l'on ajoute une bouteille A sur chaque moitié de la première balance, on voit que 5 bouteilles A = 250 g, donc A = 50 g. Donc, B + C + D, toujours sur cette première balance = 200 g. Comme B = C + D, balance du bas à droite, B = 100 et C + D = 100. Par la balance en bas à gauche, on trouve les poids de C et D).

8 - Carte 6 (Dame 3, Valet 1, Dix 4. Le Roi, soit 2 ou 5).

9 - 4 (on superpose les deux dessins et on élimine les parties communes aux deux).

10 - Toutes les possibilités différentes d'accoler les deux carrés au rectangle par au moins un côté, excluant les rotations.

LES TESTS D'OBSERVATION

Chaque bonne réponse donne 10 points.
Notez votre score pour chaque test,
et consultez le tableau ci-dessous
pour apprécier votre progression
dans les tests de cette catégorie.

Votre niveau	Points
Continuez de vous entraîner ; vous pouvez progresser.	40 ou moins
Bons résultats qui peuvent être consolidés.	50-70
Niveau supérieur.	80-90
Succès assuré.	100

TEST 1 – SOLUTIONS

1 - Les drapeaux du bas ont un drapeau blanc en plus et un drapeau rayé verticalement en moins.
2 - Nos 2, 4, 5 et 6.
3 - Le plus souvent : 7 (18 fois), le moins souvent 5 (10 fois).
4 - Tous sauf 4 et 8.
5 - N° 4 (1 et 5, 2 et 9, 6 et 7).
6 - Trois (1, 2, et 3).
7 - N° 4 (1/12 en plus. En divisant chaque figure en six rectangles égaux, on peut compter plus aisément chaque douzième de la figure.)
8 - N° 4 (1 + 3, 2 + 6, 5 + 7).
9 - N° 3.
10 - N° 2 Toulouse.

TEST 2 – SOLUTIONS

1 - Rond du haut : oméga (ω) ; rond du bas lambda (λ).
2 - Trois (1, 4 et 7).
3 - 16 fois : 1 fois :

4 - Cinq (1, 3, 4, 8 et 10).
5 - 1C, 2B, 3E, 4D, 5A.

6 - TAVERNE.
7 - Deux (N° 2 Lune et U, et N° 4 hexagone et flèche).
8 - 2-6-4-3-1-5.
9 - N° 4 (qui a l'équivalent d'une moitié d'un petit carré noirci en plus).
10 - 9-1-7-4-5-11-12-6-2-10-3-8.

TEST 3 – SOLUTIONS

1 - 
2 - 3 et 5.
3 - 5 fois (il n'y a que 5 A).
4 - 2 et 5.
5 - 9 et J sont uniques.
6 - Toutes sauf 5 qui n'a pas de x et a un carré à la place.
7 - Le signe %.
8 - N° 7 (1 et 6, 2 et 9, 3 et 5, 4 et 8).
9 - Accompagnatrice, Bibliothécaire, Conférencier.
10 - N° 2 a l'équivalent d'un petit triangle noir en plus.

Composition réalisée par COMPOFAC - PARIS

Imprimé en France sur Presse Offset par

BRODARD & TAUPIN

GROUPE CPI

La Flèche (Sarthe).
N° d'imprimeur : 5921 – Dépôt légal Edit. 9545 – 02/2001
LIBRAIRIE GÉNÉRALE FRANÇAISE – 43, quai de Grenelle – 75015 Paris.

ISBN : 2 - 253 - 06485 - 8

30/8126/2